Karl von Reinhardstöttner

Beiträge zur Textkritik der Lusiadas des Camões

Karl von Reinhardstöttner

Beiträge zur Textkritik der Lusiadas des Camões

ISBN/EAN: 9783744603461

Hergestellt in Europa, USA, Kanada, Australien, Japan

Cover: Foto ©ninafisch / pixelio.de

Weitere Bücher finden Sie auf **www.hansebooks.com**

Beitraege

zur

Textkritik der Lusiadas des Camões.

Habilitationsschrift

von

Dr. Carl von Reinhardstoettner.

München
Akademische Buchdruckerei von F. Straub
1872.

Verglichene Ausgaben.

A und AA siehe S. 3.

B. Os Lusiadas de Luys de Camões. Cõ todas as licõças necessarias. Em Lisboa; por Pedro Crasbeeck. Impressor del Rey. etc. 1631.

C. Obras de Camões, ultim. impress. por Manoel de Faria Severim. tom. I e II. Lisb. 1720.

D. Lusiada. Poema epico de Camões; illustrada com varias e breves notas por Ignacio Garcez Ferreira. 2 tom. Napoles 1731 — Roma 1732.

E. Os Lusiadas. Edição por Thomas José de Aquino. Lisb. 1779. 1780.

F. Camões Luis de, Obras, segunda edição. Lisb. 1782—83.

G. Lusiada, de Luis de Camões; accrescentam-se as estancias despresadas por o poeta, as lições varias e breves notas para a illustração do poema. Edição do J. E. Hitzig. Mit Vorrede von C. d. Winterfeld, der Vida des Dichters und einem ,Argumento historico' von Ignacio Garcez Ferreira. — Diese ohne Jahreszahl und Verlagsort erschienene, W. v. Humboldt gewidmete Ausgabe ist nach buchhändlerischen Anzeigen 1810 bei Dümmler in Berlin herausgekommen.

H. Camões, Obras. Tom. I—IV. Paris 1815.

I. Os Lusiadas, ed. José Maria de Souza. Paris 1819. Firmin Didot.

K. Obras completas de Luis de Camoens. Correctas e emendadas pelo cuidado e diligencia de Barreto Feio e Monteiro. Tom. I—III. Hamburgo 1834, na officina typographica de Langhoff.

L. Os Lusiadas. Poema epico de Luis de Camões restituido á sua primitiva linguagem, auctorisada com exemplos extrahidos dos escriptores contemporaneos a Camões por José da Fonseca. Paris 1846 (na livraria Europea de Baudry.)

M. Os Lusiadas de Luis de Camões. Nova edição segundo a de Morgado Matteus pelo Dr. Caetano Lopez de Moura. Paris 1847.

N. Os Lusiadas de Luis de Camões. Edição Rollandiana. Paris 1848.

O. Os Lusiadas, poema epico conforme 1817 por José Maria de Souza Botelho; corr. Paul de Souza Paris 1865.

(Die neueste kritische Ausgabe von Juromenha war mir nicht zugänglich.)

~~~~~~~~~~

Kaum sind bedeutende Werke irgend eines Schrift-
stellers, der nach Erfindung der Buchdruckerkunst lebte
und die Correktur seiner Arbeit entweder selbst besorgte
oder doch vor seinen Augen geschehen sah, (conf. K.
prolog. IX) mit so vielen Varianten und offenbaren Un-
richtigkeiten auf uns gekommen, als die des Camões. Be-
kanntlichst erschienen die ‚Lusiaden' zum ersten Male in
Lissabon 1572 bei Antonio Gonçaluez (A). Sie
sind ein Werk langjährigen dichterischen Strebens und
kamen gefeilt und überarbeitet zur Veröffentlichung, so
dass sich die Kritik darauf, dass diese oder jene Stelle
schon unvollständig aus des Dichters Hand hervorging, wie
dies z. B. bei Vergils Epos der Fall ist, wohl kaum berufen kann. [1]

Noch im selben Jahre [2] erschien die zweite Ausgabe
(AA), welche einzelne typographische Irrthümer von A
tilgte, leichte Veränderungen einiger Worte brachte, aber
auch neue Druckfehler [3] enthielt. Diese beiden Original-

---

1) Dass dies natürlich von der typographischen Ausstattung nicht
gilt, siehe K. prol. pag. IX.

2) Die erste Notiz über diese neue Ausgabe entnehmen wir aus
der Einleitung des Manoel de Faria y Sousa zu seinen ‚Lusiadas
de Luis de Camoens' (quatro tomos folio, año 1639 en Madrid por Juan
Sanchez), wo es § XXII heisst: ‚El gasto desta impression fué de manera
que el mismo año se hizo otra'.

3) Faria sagt l. c.: ‚Yo asseguro que lo he examinado bien en
las mismas dos ediciones que yo tengo por diferencia de caractores, de
ortografia, de erratas que hay en la primeira y se ven emendadas en
la segunda, y de algunas palabras con que mejoró lo dicho'.

1*

ausgaben siud äusserst selten geworden [4]), jedoch enthält
jede bessere der neuesten Ausgaben die Varianten von A
und A A übersichtlich geordnet. [5])
Indessen berichtet Morgado Matteus, dass er ein wei-
teres Exemplar von 1572 verglichen habe, in dem einzelne
Seiten von A und A A abweichen. [6])
Diese ersten Originalausgaben sind zwar von sehr
hohem Werthe; dennoch können sie an kritischen Stellen,
wo es sich etwa nur um ein paar Buchstaben handelt, kaum
entscheidend sein. Sie leiden, wie alle folgenden, hauptsächlich an der Inconsequenz der Orthographie, und schon
die Uebersicht der Abweichungen beider unter sich und
ihrer handgreiflichen Fehler können diesen Ausgaben in
allen Fragen eine unbedingte Autorität nicht beilegen lassen.
Nach diesen folgten nun zahlreiche Ausgaben, die wir
theils nur durch die Biographen [7]) des Camões kennen,
theils selbst noch besitzen. So jene des Manuel de Lyra
(Lisboa 1591. ‚agora de novo [8]) impresso.') Nach diesen
kommen die Ausgaben der Craasbeeck in Lissabon 1607
(nach Diogo Borbosa), 1609 (nach Thomás de Aquino),
1613 (mit dem Commentare des Manoel Correa), 1631 (corrigiert von João Franco Barreto), 1651 (nach N ‚de todas
a menos incorrecta'), 1669, 1670, 1720. — Die Ausgaben
des Hauses Craasbeck schliessen sich aufs engste an die
Originale von 1572 an; der Druck jedoch ist nicht selten
undeutlich und fehlerhaft, vor allem mangelt auch hier
jede Consequenz, was Accente, Elisionen u. dgl. betrifft.
1639 erschien die obenangeführte Ausgabe des Manoel

---

4) Morgado Matteus sagt, dass in ganz Portugal nicht mehr als
fünf Exemplare existieren.
5) So z. B. M. p. 367—373. — L und G (p. 406—441) enthalten
überdies eine sehr reichhaltige Angabe aller Varianten.
6) Er sagt: ‚Confrontando estes dous exemplares achámos ... que
eram da mesma edição com a unica differença que .. as folhas 41 e 42,
47 e 48 tinham sido impressas com um caracter mais novo e nellas se
viam emendados erros typographicos que existem no outro de forma
que nos foi evidente terem sido estas folhas substituidas por correcção'.
7) Manuel de Lyra, Manoel Correa, João Franco Barreto, Pedro
de Mariz, Manuel Severim de Faria, Ferreira sind die bedeutendsten.
8) Die erste Ausgabe soll nach der Angabe des P. Thomás de
Aquino 1584 erschienen sein; die dritte 1597.

de Faria y Sousa, die mit vielem Fleisse besorgt ist. Nichts-
destoweniger beschwert sich Morgado bitter über ihn und
nennt ihn 'o famoso Manoel', während er anderen (K. pr. IX)
mit Recht als 'escriptor de toda a fé e diligente investigador
das cousas do poeta' gilt.
Faria hatte in Madrid zwei [9]) verschiedene Manuskripte
der Lusiaden aufgefunden. Das erstere umfasste die 6 ersten
Gesänge und war eine Copie nach den Schriften des Dichters selbst, das zweite war vollständig und von Manoel
Montenegro gefertigt. Diese beiden Manuskripte bieten im
Ganzen 68 neue Strophen mehr, sieben (überall gedruckte)
in theilweise oder gänzlich veränderter Gestalt. [10])
Morgado Matteus weist nun nicht ohne Grund nach,
dass aus vielerlei Rücksichten diesen Manuskripten nicht
jene Autorität beizumessen ist, die Faria ihnen vindiciert,
doch kann alles dies nicht hinreichen, die Arbeit Farias
und seiner Nachfolger in dem Grade herabzusetzen, wie
diess von ihm geschieht.
Die wichtigste Ausgabe nach der des Manoel de Faria
y Sousa ist jene des Padre Thomás de Aquino (Obras
de Luis de Camões, 2 edição da que na officina Luisiana,
se fez em Lisboa nos annos de 1779 e 1780. 5 voll. 12".
Lisboa 1782). [11])
Diese schliesst sich an Manoel de Faria an, ebenso die
1800 von der Universität Coimbra besorgte Ausgabe. [12])
In diesem Jahrhunderte ist eine reichere Anzahl von Ausgaben der Lusiaden erschienen. Morgado Mattens in seiner
mehrfach erwähnten Pariserausgabe (1816) hat sich in

---

9) Pag. 37 sq. der Vida sagt er: 'El primero y de mas estima
apareció entre unos libros viejos de un librero de Madrid.'

10) Dass diese 68 Strophen schon von Camões ausgelassen wurden,
geht daraus hervor, dass sie weder in den 2 Ausgaben v. 1572, noch
in spätern alten sich finden, obwohl einzelne derselben (z. B. die im
VI. Gesange auf Stz. 7 folgende) Farias Bewunderung erregten. Andere
mögen wohl aus ökonomischen Gründen ausgeblieben sein, wie die
22 Strophen des X. Gesanges, der ohnehin schon 156 zählt.

11) Nach 2 Jahren erschien eine anonyme Vertheidigungsschrift
dieser Ausgaben: Discurso critico em que se defende a edição de 1779.
Lisboa 1784.

12) Ueber weitere Ausgaben siehe M. pag. 366, 367.

äusserst conservativer Weise [13]) gegen die Textkritiker des
Camões erhoben; indem er allzu einseitig allen Werth auf
die Ausgaben von 1572 verlegt, polemisiert er in massloser
Weise [14]) gegen jeden Versuch der Kritik. Seine Lusiaden
sind 1847 wieder in Paris von Dr. Caetano Lopes de
Moura mit neuen Anmerkungen versehen aber sehr fehlerhaft gedruckt herausgegeben worden.

Von den spätern Ausgaben verdienen weitaus die
grösste Beachtung die 1834 in Hamburg von J. V. Bur-
reto Feio und J. G. Monteiro besorgte (I. Bd. die
Lusiaden) wegen ihrer kritischen Sichtung, die 1818 erschienene Rollandiana und die Lusiaden von José da
Fonseca (Paris 1846), letztere besonders darum, weil Fonseca ganz richtig darauf hinweist, dass eine Kritik des
Textes des Camões einzig und allein unter Beachtung des
Sprachgebrauches der Quinhentisten — der Schriftsteller
aus Camões Zeit — von wissenschaftlichem Werthe sein kann.

Allerdings hat er hierin das richtige Mass nicht gefunden, indem er durch eine Art von Reconstruktion alle
Archaismen, die sich irgendwo aber eben in der ersten
Ausgabe nicht finden, ohne Bedenken in die seinige ein-
zwängte und so den sprachlichen Fortschritt des Dichters
seinen Vorgängern gegenüber und die Unterschiede von
seinen Zeitgenossen fast verwischte. Wir müssen eben nicht
blos auf die Vorgänger und Zeitgenossen des Dichters
blicken, sondern seine andern Werke (die Sonette, Rimas,
Elegias, Eclogas) ins Auge fassen und mit dem Epos in
sprachlicher Beziehung vergleichen. [15])

So weit nun auch die Texte auseinandergehen, so lässt
sich doch die Mehrzahl der Abweichungen beseitigen, wenn
man Consequenz zur Basis der Kritik macht und die ersten

---

13) Er befürchtet, wie er in seiner ,advertencia' sagt, ,que em
pouco tempo teriamos uma edição, qual projectava dar-nos Montenegro,
em que pouco ou nada se acharia do nosso poeta.' Desshalb lässt er
auch geradezu unhaltbare Stellen wie (z. B. I, 20, 47, 83, IV, 1, 32 u. s. f.)
stehen.

14) Vgl. z. B. seine ,advertencia' in M. pag. 14, 15 u. a. m. O.

15) Die übrigen Dichtungen des Camões sind hier durchgängig
citiert, nach der Ausgabe von Lourenço Craesbeck (sonst Crassbeck,
Craasbeck ec.) ,Rimas de Luis de Camões. Agora nouamente emendadas
nessa ultima impressão. 1623. Zwei Theile.

Gründe sucht, die die Schuld daran tragen, dass die Schriften des Camões (u. so vieler port. Classiker) in einem Zustande auf uns gekommen sind, welcher die Lektüre bedeutend erschwert.

Diese aber liegen vorzugsweise:

a) im gänzlichen Mangel jeder gleichartigen, historisch-richtigen Orthographie; ist ja doch selbst oft die Aussprache nicht völlig fixiert;

b) im ängstlichen Beibehalten offenbarer typographischer Irrthümer;

c) im Missverstehen einzelner von Camões absichtlich gewählter Latinismen und Archaismen;

d) in der Verstümmlung des Druckes durch Ausfall oder Verstellung einzelner Buchstaben und kleiner Wörter, was aber nie zur radikalen Aenderung ganzer Verse berechtigen kann, da hiedurch eben nur wieder Varianten entstehen.

Nach diesen vier Gesichtspunkten hin soll nun eine Erklärung der zweifelhaften Stellen des Epos versucht werden.

Die port. Orthographie ist, obwohl sie sich auf das 'Vocabulario portuguez e latino pelo padre D. Raphael Bluteau' (Lisboa na officina de Pascoal de Silva 1712—21) auf das nach diesem gearbeitete Wörterbuch von Moraes, auf das des José Joaquim de Costa und (für den Buchstaben A) auf das Diccionario da lingua Portugueza der Akademie (Lisb. 1793) berufen kann, eigentlich regellos. Sie war dies nicht blos zur Zeit der Quinhentisten, sie ist es noch heute.[16])

_____

16) Morgado Matteus sagt: „He notorio entre nos que em nenhum tempo houve nem ha de presente um systema de orthographia fixo e geralmente adoptado tendo chegado a confusão ao maior auge nos nossos dias.' Noch ärger klagt der Herausgeber des „Hyssope' des Antonio Diniz da Cruz e Silva (Paris 1817 A. Hobée) pag. 15: „Lastimo-nos da infeliz sorte da nossa lingua que mal falada, mal escrita e mal pronunciada „anda envasada em mil termos e phrases gallicanas" (Hyss. pg. 53). Vgl. üb. dens. Gegenst. L. pag. 401.

Vor Allem haben wir die Accente ins Auge zu fassen.
Der Til findet sich bald geschrieben, bald tritt das nasale
m dafür ein. Nach Moraes ist er ein *signal orthographico
que eqnival ao m*, põe-se sobre as vogaes nasaes, porque
escrevendo-se um *m* depois d'ellas ficaria em duvida, se
este feriria a vogal seguinte; talvez tem o som de n v. g.
sãto'. [17]).

Am richtigsten definiert Fr. Diez (Gramm. d. rom.
Sprachen I. u. II. Bd. 3. Afl. 1870. III. Bd. 2. Afl. 1860)
I, 382 den Til als den Ersatz eines nasalen m oder n (das
vor auslautendem s den Dienst des m versieht), und bemerkt,
dass die port. Nasalvocale keine eigentlichen Vocale sind,
sondern consonantisches Element vertreten, was daraus
hervorgeht, dass sie sich nicht mit dem Vocalanlaute eines
folgenden Wortes metrisch zu einer Silbe verbinden.

Es findet sich z. B. gram, gran, grã geschrieben,
ebenso bei Doppelvocalen der Til auf dem ersten oder zweiten
(z. B. bei Francisco Sá de Menezes ,Malaca conquistada'
Lisboa na officina de José de Aquino Bulhões 1779. oder
Pedro de Andrade Caminha ,Poesias' Lisboa public. de
ordem da academia 1791) oder auf beiden Vocalen (z. B.
Sousa Botelho, Lusiadas Paris 1819.)

Morgado Matteus nimmt aber mit Recht an, dass der
Til in sehr vielen Fällen kein nasales *m* vertrete,
sondern blos ein orthograph. Zeichen sei, das ein
ausgelassenes nicht nasales m bedeute. Auf diese Weise
wird es bisweilen möglich, eine Silbe zu gewinnen, indem
z. B. hũa statt huma einsilbig, algũa, nenhũa zwei-
silbig wird.

Vergleichen wir IX, 48 die Reime lũa, nenbũa, algũa [18]) (M. alguma) so müssen wir annehmen, dass hier
das Zeichen des Til ein nicht nasales m vertrete, (cf. Diez
Gr. d. r. Sp. I, 218) von dem Fonseca (aus Sá de Miranda

---

17) Diese höchst einseitige Definition widerlegt sich (vgl. M. pag. 22)
durch sich selbst, durch die Schreibweise von põe, welches Wort nach
Moraes ,poine' höchstens ,pone', aber nie poem gesprochen werden kann.

18) Derselbe Reim ũa, Lũa, algũa findet sich in Andrade
Caminha pag. 40 (Epist. VI); hier überhaupt durchgängig Lũa (z. B.
p 167, 350, 394), cnda ũa (p. 16) ff. (Vgl. Diez, Ueber die erste port.
Kunst- und Hofpoesie. Bonn 1863. S. 110).

Obras' Lisboa na typog. Rolland. 1784. II, 6) nachweisen
will, dass es auch ua gesprochen wurde. [19])
Es ist also der Til in dieser Funktion nicht ein Zeichen
der Nasalität, sondern eine beliebig gewählte nur in der
Form gleiche Andeutung einer Abbreviatur.

Hier ist aber eine andere Eigenthümlichkeit zu bemerken, die der Herausgeber des Hyssope anführt und auf
die sich Fonseca beruft, wenn er die Stelle V, 97
Porque quem naõ sabe a arte *não na* estima' (K. M.)
naõ a estima' (G.) schreibt: *nan a* estima' (L.)

Es heisst nämlich au dem genannten Orte:
Para evitar os hiatos costumaram em algumas desinencias conservar o som e a força do *n* para ferir com
elle a vogal que desse principio ú palavra seguinte mor-
mente sendo artigos (wie an obiger Stelle.) Em alguns
manuscriptos dos XVI e XVII seculos temos encontrado
palavras acabadas em *n* em vez de *m*, la onde a voz seguinte principia per vogal e todos nossos poetas e prosa-
dores dam-nos repetidas e sobejas provas d'este uso que
a favor da euphonia reclama o emprego de *n*.' und so
führt er in weitern Belegstellen an aus Fernan' Alvares de Oriente (Lusitania transformada, Lisboa na
reg. typog. 1781) pag. 451 E os pastores *ataca-no*'
(= *atacam-o*) und aus Francisco Sá de Miranda
(cart. 2 quintilh. 36) O muito *nan-o* trocas . . aos porcos
nan-as lanceis.'

So erklärt sich auch IX, 45:
Vãona buſcar & *mandãona* diante (B.)
Vão—na buscar e *mandam—na* diante (G. K.)
Vão . . . *mandam—a* (M. N.)

---

19) Es kommen bei den Quinhentisten sehr gewöhnlich Fälle vor,
dass nicht nur das nasale *n*, sondern auch der Til, der über *i* nur
äusserst selten steht, ausfällt und so das Wort selbst in der Aussprache
die Nasalität verliert. So weist Fonseca aus Antonio Ferreira
(Poemas lusitanos. Lisb. na regia off. typ. 1771) Son. 51. *messageiros*
d'amor', aus Diogo Bernardes (O Lima, Lisb. 1761. flores de Lima
1770. Rhymas ao bom Jesus Lisb. 1771 na offic. de Antonio Vincente
da Silva.) Eclog. I *messageiros* da vontade' die Schreibart *messageiro*'
nach und setzt sie I, 95 in den Text; ähnlich X, 126 *selvages* statt
selvagens, was er durch Jeronimo Corte Real (Naufragio de Sepulveda)

dagegen L.: *van—a* buscar e *mandan—a* (cf. Diez. Gr. II, 96 **). Es ist somit durch Unterlassung des Til und Verwandlung des m in n ein fliessender Vers hergestellt.

Bisweilen aber wird bei gleichlautenden Vocalen der Til (und nicht m oder n) gesetzt, um gegen die Regel eine Synalephe zu bewirken (cf. L. p. 419). So I, 34 debatē e (KM: deba*tem*), I, 60 tomar*ā a*, III, 29 *nā ha* certeza. Wo der Til in alten Manuskripten nicht Zeichen der Nasalität ist, hat er an mehreren Stellen Zweifel zwischen *que* und *quem* (q, quē) hervorgerufen. Manoel Correa hat öfter abweichend *que*, wo andre *quem* lesen, z. B. I, 71 de *quem* foste, III, 13 com *quem* tu (wo B. unleserlich *què* hat.) Auch im Worte selbst fanden Verwechslungen eines Particip Perf. mit dem Gerund statt, z. B. III, 52 A: tornàdo statt tornado (AA); VIII, 90: Lhe andar armado (A. O.) statt des richtigen: Lhe andar armàdo (armando mit AA. G. K. L. M.)

Ein ähnlicher Fall ist VI, 73. A. u. AA. lesen *se aproveitar*, aber schon in der Ausgabe von **Vincente Alvares** (Lisboa 1612) u. in B heisst es *sē* aproveitar'. Obwohl Morgado Matteus dem Manoel Correa, der *sem* schrieb, vorwarf, dass er nicht wisse, was talhas seien, haben nun doch alle guten Ausgaben (K. M.) *sem* hergestellt. (vgl. die Note von O.)

Es sollte indessen auch in der Setzung des Til als Zeichen der Nasalität Einheit herrschen; aber diese findet sich nicht einmal im Reime. [19]) AA gibt sehr häufig die

---

Lisb. typog. Rolland. 1783 Cant. II) *os selvages* trogloditas' belegt. Ebenso VI. 23 *ifante* statt infante nach Antonio Ferreira (Castro III). Auch im Provenzalischen befindet sich z. B. efans, effas neben enfans (Bartsch, Crestomathie provençale 2 édit. 1868 pag. 26, 2, 96, 30, 288, 18).

20) Indessen beachtet nicht einmal die Akademie (vgl. d. Klagen des Herausgebers des Hyssopo pag. 16 über die Indolenz derselben) einen Unterschied. So steht in der Ausgabe des Andrade Caminha:

pag. 28. Mil vezes ouviras que *não* é tanto
Gram nome como *grão* merecimento.
pag. 29. *Nom* Julios, *nom* Angustos, *nom* Trajanos.
Andere dringen wieder streng auf einen Unterschied und so fordert **Duarte Nunes de Liāo** in der dedicatoria' zu seiner Origem da lingua Portugueza' nur *tam*, indem er von tão sagt: de alto logar e nobre creação uma palavra rustica e mal comporta, como do uma baiuha de

Endungen mit dem Til (z. B. X, 38), wo A die Endungen
mit m schreibt. [21])
Wo der Til nicht steht, findet sich vereinzelt statt
des nasalen en die Silbe an geschrieben. z. B. AA II, 76
antam, III, 9 *antão* (statt *então*). II, 2 hat Manoel Correa:
d'*antre* elles, wie es sich im Provenzalischen bisweilen neben
entre befindet. (Bartsch 6, 11; 290, 18.)
. Da der Til (oder das nasale m) der Portugiesen allzeit
einem spanischen m entspricht, so ist er in einzelnen Wörtern wohl unrichtig. Ohne von dem vereinzelt stehenden
mãi [22]) (mui und muito) zu sprechen, soll hier nur von
mim und *assim* die Rede sein.
F. Diez (Gr. d. r. Sp.) sagt: (I. 383) „Dem Pro-
nomen mim steht kein spanisches min zur Seite‟ und die
ältesten Ausgaben pt. Schriftsteller beweisen auch, dass
diese Aussprache, welche Fonseca (Not. ás. Lusiad. pag. 426)
einen vicio nasal' nennt, meist nur dann eintritt, wenn es
der Reim nöthig macht. So z. B. Camões (Redondilhas
pag. 126.)

> E quercis ver a que *fim*
> Em *mi* tanto bem se pòs;
> Porque quiz amor *assim*
> Que por vos verdes a nòs.
> Tambem me visteis a *mim* . . . .

So ibid. p. 153.

> *Assi* que so para *mim*
> Dais e mo negais a *mi*.

(mit mereci gereimt.) Aehnliches findet sich bei allen
gleichzeitigen Classikern (z. B. Caminha p. 42 assi p. 167

---

ouro ou rico esmalte arrancar uma espada ferrugenta'. Die Akademie
hat auch hier keine Norm, so Andrade Caminha p. 62 tam, p. 374, 393
tão u. s. f.
21) Es haben sich später nach dieser Hinsicht Vorschläge hören
lassen, um wenigstens gleichtönende Wörter zu unterscheiden. So soll
z. B. *dõrs* (alt statt des jetzt gewöhnlichen dons) der Plural von dom
(= donum) sein (v. 95), während dôos als der Plural von dom (= do-
minus) gelten soll; doch kam es zu keiner einheitlichen Durchführung
(vgl. Fonseca, Rudimentos da grammatica Portugueza not. III pag. 17
und Alvaro Ferreira Da vera orthographia' fol. 26).
22) Von der Akademie ohne Til geschrieben wie z. B. Caminha
pag. 216, 241, 392 etc.

assim), ohne dass jedoch auch hier Consequenz herrschend
wäre.[23]) — Es wird aber das Beste sein, das nasale m
überall abzuwerfen, wo nicht Reim oder Metrum diese
sprachlich unbegründete Nasalität erfordern. (vgl. Diez,
Gr. II, 95.)

Mit den übrigen Accenten steht es in den ältesten
Ausgaben noch bei weitem ungeordneter. Indessen ist
hierüber wohl nicht zu streiten, da die Unrichtigkeit derselben meist evident ist. Einige Beispiele können zeigen,
dass hier absolute Willkür herrschte. So findet sich z. B.
in den Camõesausgaben von Craasbeeck: só, sò, sô (allein;
z. B. Eu *só* com meus vasallos. Lus. IV. 19.

Sò vôs, ô dô salgado. Ode III (pars I pag 48)
Que *sô* para dizella. Ode III (pars I pag. 47)
ebenso: ja, jà, jâ (schon) z. B.

Jà nä fareis docemente
O que voz ella fez *ja*. (Camões Rim. I, 139)
Já sente por pouquidade (ibid. I, 119)
ähnlich o, ó, ô, ò als Aufruf; porê (Son. 3) porêm (B.
Lus. VIII,35) porèm, porem; está, estâ (B. Lus. IV. 67.);
vè (IV. 35) vê (IV. 32); ledo, lèdo (Redond. I,120) u. a. m.

Auch hierin muss Einheit geschaffen werden und zwar
am besten, indem man der Regel des Duarte Nunes de
Liäo folgt, der in seiner Ortographia (pag. 314) sagt: „Onde
o accento faz *mudança de significação* o notaremos sempre
como nos terceiras pessoas do preterito do modo demon-
strativo de todas as conjugações' oder wie Madureira
(Orthog. pag. 19) es ausdrückt: „Quanto ao uso d'estes
accentos na nossa lingua só é frequente e precisamente
necessario n'aquellas palavras *que se equivocam* com outros.
(cf. Diez G. d. r. Sp. I, 513.)

Wir setzen also den Accent nur bei Wörtern, die
ohne diesen mit andern gleichlauten, den Circumflex etwa
noch bei jenen, die einen oder mehrere Buchstaben verloren

---

23) Z. B. Canç. IV. Ledo e contente para *mim* vivia.
Canc. VIII. por *mim* e a *mim,*
ebenso in Caminha (Ode XIV) p. 221 nebeneinander:
A *mim* por *ti* desamo.
(Vgl. Diez, Altport. Kunst- u. Hofpoesie S. 111.)

haben, so also z. B. VII. 83 (mit Man. Correa ‚sô pena‘;
B so pena, K. M. sob pena.)

Die Accentuirung des Artikels a belebt eine ziemlich
lahme Stelle. Alle Ausgaben lesen I, 2

D'aquelles Reis que forão dilatando
A Fé, o Imperio;

und übersetzen „die auszubreiten strebten *so* Reich *als*
Glauben." (Eitner Hildbgh. 1869.)

Camões exponirt in den ersten Strophen die Aufgabe
seiner Dichtung und das Verdienst seiner Helden und preist
den Muth, mit welchem sie

a) ihren Weg ‚por mares nunca d'antes navegados' fanden
und ihre Kriegstüchtigkeit (I. 1. 1—6),

b) die politischen Folgen ihrer Fahrt durch Gründung
eines neuen Königreiches (novo reino) in der Ferne
(I. 7. 8.),

c) die Verdienste um den christlichen Glauben (a fé),
indem sie heidnische Länder verwüsteten (viciosas
terras II, 1—4), durch welche Thaten alle sie unsterb-
lich wurden. (II. 4. 6.)

Warum sollte er nun, wenn er von c spricht und ihre
Verdienste um die Religion hervorhebt, nochmal auf b
zurückgreifen (o imperio), nachdem er im ganzen Epos
gerade die religiöse Seite besonders hervorkehrt?

Ich möchte darum lesen:

‚. . . que forão dilatando
‘A' fé o Imperio.'

„die *dem* Glauben die Herrschaft auszubreiten gingen."

Das Komma nach fé fällt aus, a erhält den Accent
und wird so dativus (commodi); der Accent oder ein zweites
a — denn die alten Ausgaben schreiben den Dativ des
Femininums abwechselnd aa oder á (B. IV. 48) — konnte
leicht abgefallen sein.

Das Wort ‚imperio' aber weist, wo es nicht direkt als
‚Kaiserreich' zu fassen ist, wie z. B. VII. 22 von Calicut,
dessen Herrscher ‚imperador' (VII, 57) heisst, auf den über-
tragenen Begriff ‚Herrschaft, Macht' (cf. I, 38. 60. 65;

III, 11; VII, 36 hin [24]). Grammatisch ist in dieser Con-
struktion gar kein Zwang (cf. Diez G. d. r. Sp. III, 131. 5)
und finden sich ähnliche Stellen bei Camões oft z. B. II. 23.

> . . andavam as Nymphas estorvando
> A' gente Portugueza o fim nefando.

oder Cam. Son. 100:

> . . Corri terras e mares apartados
> Buscando á vida algum remedio.

Ein ähnlicher Fall ist IV. 67. — P. Thomás hat á
luz clara' statt a luz clara', was die wenigsten (G.) nach-
geahmt haben. Obwohl es einerseits grammatisch ganz
richtig ist, dass fugir mit dem Dative verbunden wird (cf.
Diez G. d. r. Sp. III, 101), andrerseits die Gründe des
Franco Barreto sehr triftig für á sprechen, haben doch
die besten Ausgaben a beibehalten. (cf. K. pag. 384. ff.)

Gehen wir auf einzelne Varianten über bezüglich der
Orthographie, so finden wir bei gewissen Buchstaben verschiedene Schreibungen.

B wechselt öfter mit v (cf. Diez G. d. r. Sp. I, 387)
z. B. I, 73 avorrecido (L) — aborrecido[25]) (K. M.), x, 108
varão (K. L.) — barão (M.)[26]) und umgekehrt I, 89 assobia
(L) assovia (K. M.); so schreibt M. Correa (IX, 48)
aljaba u. dgl.

Nicht minder häufig wechselt die Media b mit ihrer
Tenuis und umgekehrt. Vor allem erfährt das Adjektiv
soberbo die meisten Schreibungen. Im Positiv findet es
sich fast übereinstimmend mit b. L schreibt stets (z. B.

---

24) Vgl. auch I, 14 ,nos reinos lá d'Aurora', wo M. Correa ohne
Grund ,no reino' will. — Sehr ähnliche Stellen sind in Sá de Menezes
,Malaca conquistada' I, 2:

> . . . . ganhou por força e arte
> O aureo reino e trocou com pio exemplo
> A profana mesquinta em sacro templo.'

und I, 21:

> ,Darás fim e principio venturoso
> A santo Imperio e Christão piedade
> Nesse extremo do mundo tão famoso.'

25) So auch die Akademie ,avorrecido'. Vgl. Caminha pag. 4.

26) Ebenso findet sich varão sehr häufig, z. B. bei Caminha, Sá
de Menezes (Mal. conq. II, 28, 31), im Hyssope p. 91 und an andern
Stellen.

I, 44) suberbo; der Superlativ aber lehnt sich wieder an
die lat. Urform an und lautet (z. B. VII, 4) fast überall
(B. G. K. M.) superbissimo; nur L. schreibt auch hier
ein b mit Berufung auf X, 64, wo fast alle Ausgaben
(B. G. K. M.) ‚soberbissimo' lesen.

Hierin dürfte wohl L nicht nachzuahmen, vielmehr
VII, 4 superbissimo zu lassen sein; denn X, 64 ist die
rein pt. Form, während die lat. hier angewendet ist, ein
Sprachgebrauch, der ja im Superlativ [27]) der Adjektive —
um nur an jene auf vel zu erinnern, die stets ihren Superlativ von der Form auf bilis bilden — sehr gewöhnlich ist.

Ueber die Schreibung der Combination ct gehen die
meisten Ausgaben unter sich und dann in sich auseinander.
Sie wechselt im Port. insoferne als ct entweder als ct
stehen bleibt, oder aber gewöhnlich (wie auch im Provenz.)
c sich zu i erweicht. (oft auch u. cf. Diez Gr. I, 259.)

In Folge davon hat L im Gegensatze zu den meisten
andern I, 21 junctos (K. M. juntos) und beweist dies aus
André de Resende ‚Historia de Evora' pag. 37 u. III, 74
Sanctarem (K. M. Santarem) u. dgl. m. Dagegen liest L.
(mit B. M.) VI. 99 ‚affeitos', wo andre (G. K.) affectos
haben.

Es ist darum auch die Stelle III, 120, wo einige
Ausgaben (G) fruto — muto — enxuto, andre fructo — muito
— enxuto haben, am richtigsten (mit K. M) fruito —
muito - euxuito zu lesen, wie sich auch Caminha pag. 372
der Reim fruito — muito findet.[28])

In fruito ist i statt c eingetreten (vgl. Provenz. duit-
ductns), muito (u. mui) klang auch rein ohne Nasalität, denn die Handschrift des Dom Diniz hat neben
mûy häufig auch muy. Die Form enxuito (statt enxuto)
nimmt Matteus als ein dem Reime gebrachtes Opfer, indem
er auf mediterrano (statt mediterraneo III, 18), lisonge
(statt lisongeie) sich beruft. Aehnlich reimt Camões allerdings (Rim. pars I p. 120) auf Babylonia idonia; indess

---

27) Indess findet sich auch z. B. III, 116 asperissimo, wobei aber
die Lesart des M. Correa ‚asperrissimo' entschieden nur Druckfehler ist.
    28) Ebenso II, 76, vgl. Diogo Bernardes ‚o Lima' Eclog. IV ‚doces
fruitas'.

ist all diess leichter, als die Dehnung in ui, welcher Diph-
thong nur von einer Attraction oder aus der Verbindung
uc, ul stammen kann. [19])
Interessant ist die Verbindung gn. — Hier ist entweder
das g verloren gegangen, oder sie lautet wie das it. gn
(= nh.) (cf. Diez G. I, 272.) In jedem der beiden Fälle
hat die Beibehaltung des g keinen Sinn, da es gegen die
Regeln der port. Aussprache ist.
So bieten III, 120 und 123 die meisten Ausg. (G K. M.)
linda Ignez', während L ganz richtig Inez' schreibt, was
schon B. hat. L bemerkt zu Ignez: o qual vocabulo assim
estampado admitte a pronuncia Iguenez ou talvez Inhez'
und weist die Schreibart Inez' aus Antonio Ferreira' Castro
trag. I o donna Ines' nach. Sie findet sich ebenso bei
A. Caminha p. 216 D. Ines de Noronha' p. 254 a clara
Ines.'
Die meisten Ausg. haben hierin die grösste Inconsequenz und reimen z. B. Camões (da creaçam II,60.)
Por ti quer vivir, o Pam divino
Por ti co tua graça eu fraco e indigno.
Son. 20. benigno — menino — digno; Son. 33 benigno
— menino — desatino; (dagegen Lus. X, 43. dina — Ca-
tharina.)
Moraes bemerkt ausdrücklich: Os nossos poetas
classicos e ainda os modernos usam de indino' e outros
vocabulos que alias se escrevem com igno, que os editores
tem o cuidado de imprimir sem attenção a rhyma con-
soante em ino accrescentando-lhe o g antes o n.'
Es ist darum dieses nicht gesprochene g an all den
Stellen, wo es der Reim erfordert, (z. B. I, 22. X, 43) zu
streichen.
Wenn L z. B. auch I, 106 dine, III, 40 indinado u. dg.
schreibt, wo dies durch den Reim nicht bedingt ist, so
kann dies als unnöthig vermieden werden. [30])

---

29) Ein c im Reime beachten andere Schriftsteller oft nicht. So
findet sich in Menezes (Mal conq.), dessen Reime allerdings mit denen
des Camões keinen Vergleich dulden, VI, 70 invicto -- infinito — conflicto; X, 86 invicto — infinito -- grito.
30) Diese Schreibart ist nirgend, auch im Reime nicht durch-
geführt. So hat Caminha (p. 179) den Reim indino — desatino, doch

Anders ist es an jenen Stellen, wo gn entschieden den Laut von nh hat (cf. Diez G. I, 386). Wenn der Reim unwiderlegbar darauf hinweist, so ist es wohl geboten (mit L) statt gn auch nh zu schreiben. Hierüber sagt Francisco Dias Gomes in seiner Analyse (pag. 128, 129) ‚O *gn* nas vozes derivadas do Latim *vale nh*, o qual uso passou dos Provençaes para os Italianos onde inda permanece; nós tambem o adoptâmos e o fomos emendando exprimindo-nos conforme aos Latinos. Esta dissonancia — se he — inda conservâmos em ‚tamanho' e ‚anho', que significa ‚cordeiro' usado este nas provincias, as quaes vozes são as latinas ‚tam magnus' e ‚agnus'. Es ist daher nach dem Vorgange von LIV, 32 u. IX, 92 ‚manho' (statt magno) zu schreiben, wie dies auch bei Aeltern (z. B. Luis Pereira, Elegiada, Lisb. na offic. da José da Silva Nazareth 1785 ‚Eleg. 2, ‚o manho imperio') sich findet.

Eine weniger wichtige Frage ist die Setzung eines anlautenden h.

Moraes sagt in seinem Diccionario ‚Commumente escrevem ‚um, uma', com h sem que o peça a etymologia, pois se deriva do Latim ‚unus' e menos a pronuncia, porque sendo o h signal de aspiração nós não aspiramos nenhuma vogal senão é ‚ah'! interjeicção, que devera escreverse ‚ha!', porque a aspiração precede á vogal. De ‚um' se derivão ‚unidade, unanimo, unico, unissimo, união, uniforme' e muitos outros que se escrevem sem h e mostrando a origem de um dão mais facil ideia do seu sentido.'

Erst neuere beginnen die Regel des Moraes zu befolgen und setzen das anlautende h, das nach Diez (I, 386) nur steht, um den Wörtern ‚für das Auge etwas mehr

auch im Texte (p. 62) dino de memoria (p. 384) indino a tanto, sonst aber wieder gn So Sá de Menezes (Mal. conq.) I, 29 den Reim dina, im Texte aber gn. Z. B. I, 22 ‚digna empreza' dennoch VII, 39 indinado; dagegeu IX, 73 wieder den Reim ruinas — dignas, ebenso X, 79 digno — divino — destino. Lautete dies *g* in dieser Verbindung überhaupt schwächer, oder hatten die port. Dichter eine derartige Licenz, wie sie z. B. gerade im Englischen sehr weit geht? (Vgl. auch signal, B. IV, 28 sinal, ebenso Hyssope pag. 27.)

2

Umfang zu geben', nicht mehr; so schreibt auch L durch-
gehends é, ir, um, was um so berechtigter ist, als selbst
in jenen Worten, die mit kurzem, (meist prothetischem) e
beginnen (z. B. estar, esteril) kein h steht, obwohl der
Portugiese hier fast aspiriert, so dass man ein h ziemlich
deutlich zu hören glaubt. Die Beibehaltung ist nur da zu
empfehlen, wo es aus etymologischen Gründen geschieht.
. (Vgl. Hyssop. prol. pag. X.)

Die Liquidae l und r finden sich bisweilen verwechselt;
so haben G. K. M. semblante, B. L sembrante (II, 38), welch
letztere Schreibart (des M. Correa) Fonseca durch kein
Beispiel belegt. Aehnlich wechseln q und c. Fonseca
bemerkt zu 1, 33 (mit Beziehung auf Luis Perreira Eleg.
II, 85), dass die richtige Schreibart calidades nicht quali-
dades³¹) sei. Hier will er das gutturale c beibehalten.
Allerdings ist u völlig stumm; aber doch schreibt er I, 8
liquor³²) (mit Berufung auf Jeronimo Corte Real, Naufragio de Sepulveda. Lisb. typ. Rolland. 1783 Cant. 2),
obwohl fast alle Ausgaben (KM) ‚licor' haben und auch
hier das u ganz unhörbar ist (vgl. Diez I, 365).

Auch hinsichtlich der Anwendung des ç, s und z muss
eine Regel befolgt werden, um so mehr als die Scheidung,
wie Diez (Gr. I, 385) bemerkt, schon in der alten Sprache
begründet, und auch die Aussprache verschieden ist. Davon
sagt der Herausgeber des Hyssope (p. 14): ‚A letra Z
terminando qualquer palavra tem a propriedade de fazer
longa sem precisão de accento a vogal que a precede; p. e.
‚Marquez' titulo de nobreza tem a pronuncia e significação
bem diversas de ‚Marques' appelido de homem e nome
patronymico que quer dizer ‚filho de Marcos'.

In der Schreibung der Verbindung sc weichen die
Ausgaben vielfach von einander ab. So schreibt z. B.
B. L II, 43. IV. 89, accrecenta, accrecentavam, während
andre (G.K.M) accrescenta, accrescentavam haben; ebenso
M. Correa (B.L.) VI, 32 deci, wo G. K. M. desci lesen u.
dgl. mehr. (cf. Diez E. W. II, 124.)

---

31) Sá de Menezes II, 114 ‚qualidade'.
32) Sá de Menezes II, 90 ‚liquor'.

. Indessen wird man sich wohl (decer ausgenommen)
für die etymologisch richtige Schreibart mit sc entscheiden.
Andre Dinge betreffen die Elision und Assimilation in
der Zusammensetzung und die Beibehaltung von gewissen
in andern romanischen Sprachen verschiedenen Consonanten-
Gruppen. So lesen die Ausgaben verschieden bei Zusammen-
setzungen mit der Präposition sub, indem die einen das
b vor Consonanten elidieren, andere in unconsequentester
Weise bald setzen, bald elidieren. So hat L überall das
b ausgelassen, vor ihm mit weniger Consequenz B. Fonseca
beweist aus classischen Stellen [33]), dass die Quinhentisten
elidierten und schreibt darum I, 32. III, 27 sujugado (L),
sojugado (B, G.) sobjugado (K M); I, 75 sumettesse (L)
somettesse (K), sobmettesse (M); I, 92 sutis (L), sotis (B).
subtis (G [trotz sujugado] K M;) III, 12; III, 37 sumettido
(L), sobmettido (G K [trotz sometesse] M); VII, 8 sumerso
(B L). submerso (K M), welchen Vers auch Moraes ‚submerso' citiert u. s. f. Ebenso schreibt L I, 85 aversario,
VII, 46; VIII, 62 suntuoso, VIII, 16, 81, corruto. Dass
VIII, 83 aus Reimrücksichten so gelesen wird (K L M), beweist, dass die Möglichkeit dieser Schreibart nicht ausge-
schlossen ist.
Diese Schreibungen finden sich auch im Provenzalischen,
wo neben subtil (Bartsch 112,1) und sobtil (5,36) sehr
häufig sotil (177,20; 278,10; 300,20; 327,20) steht. Indessen verträgt die pt. Sprache diese Combinationen sehr
wohl, so dass weder ein Grund zur Elision noch zur Assimilation (wie L z. B. VII, 80 acquirido (G K M adquirido),
VIII, 52 acquirindo (B adquerindo schreibt) gegeben ist.
Auch hinsichtlich der Vocale fehlt es nicht an Varianten. So haben wenige Ausgaben das ê (oder blosses e) zu

33) Er citiert Menezes (Mal. conq.) VII, 7: ‚Dos continos disvelos
aggravados'; besser hätte er auf VI, 81 ‚Os Reis da India sujugados'
hingewiesen. Was übrigens die mehrfache Consonanz betrifft, so ist
Menezes durchaus nicht entscheidend, denn da findet sich (ähnlich wie
bei gn) z. B. X, 50 invicto, luctador, circunstantes, vitoria nebeneinander;
dagegen X, 125 invito — conflito als Reim, obwohl der Reim wie
z. B. XII, 65 conflicto — espirito — invicto (ebenso X, 107) beweist,
diese Schreibung nicht unbedingt zur Folge hatte.

ei gedehnt. K, M und A lesen III, ? receio und dehnen
des Reimes halber Orpheio, während z. B. G recêo - Orpheio,
B, L receo — Orpheo lesen. Ebenso findet man (K M)
VII, 85 Proteio [34]) wegen feio. Dass man zu Camões Zeit
diese Endungen eo schrieb, zeigt sich in den ältesten und
spätern Schriften. So Camões Redond. I pag, 123

filha de Babel tam fea,
toda de miseria chea
ibid. I, 120. Doce canto em terra alhea.
bei Caminha fast durchgängig (p. 393), Jeronimo Corte
Real, Cerco de Diu, Lisb. na off. de Simão Thaddeo Ferreira
1781 „feos casos'. — Orpheo aber findet sich bei Diogo
Bernardes (O Lima et. XXVI ‚chorariam Orpheo e o con-
sorte) ebenso Cam. Lus. III. 1.
Es ist daher am besten diese aus langem e euphonisch
(vgl. Diez Gr. I. 379) gedehnte Silbe ei einfach e zu
schreiben, um so eher da, wo es der Reim (wie III, 2,
VII, 35, X, 66) verlangt. Ou und au wechseln in verschiedenen Ausgaben. Wenige Worte ausgenommen, ist
ou (oi) die richtige Schreibweise (vgl. Diez I, 171, 379).
Ueber das Subst. Mouro handelt N ausführlich, man schreibt
nun allgemein Mouro als Substantiv, dagegen Mauro (z. B.
III, 75, 80) als Adjektiv.
Bei den auf o auslautenden Wörtern lassen einige
Herausgeber (L) in u enden, was die ältere auch mit der
dumpfen Aussprache übereinstimmende Art ist. In der
Vorrede zum Hyssope (pag. 13) steht über die Verbal-
endung auf io: ‚Os nossos maiores quasi sempre a (3 pess.
sing.)terminárão em u e nunca em o. Hoje algumas pessoas
escrevem lêo, ouvío, ferío etc. e carregão a penultima com
accentos ora agudos ora circouflexos. Os antigos quasi
sempre escreverão: leu, ouviu, feriu etc. sem accento algum ;
pois não o precisão estas palavras, cujas desinencias com-
postas de duas vogaes formão duas syllabas'.
Sind diese Ausgänge auch (nach Diez G. I, 387) die
minder eleganten Schreibungen, so sind sie gerade in
neuester Zeit wieder sehr in Aufschwung gekommen.

---

34) B liest Protheo (wie A. Caminha p. 11, 13), aber offenbar
falsch fero als Reim zu Protheo — desejo. (Aquino: fêo — Protêo.)

Weniger eingreifend sind andre orthogr. Unebenheiten, deren Falschheit einleuchtend ist. Wenn sich in B. Lus. I, 4 Hypocrene (st Hippocrene), I, 59 Hiperionio (st. Hyperionio) V, 5 in einig. Ausgaben Chypre (st. Cypro), IX, 60 in B Cyphisia (st. Cephisia) X, 2, 6, 22 Ninfa [35]) (Eclog. VIII Nynfa, ibid. v. 7 Nympha, Son. IV. Nimpha — in Ausgaben von derselben Hand) findet, so haben hier selbstverständlich alle bessern Ausgaben, die offenbar richtige Schreibart angenommen. A und AA bieten aber noch andre tiefer eingreifende Dinge, (wie sururgiam st. cirurgiāo u. s. w.) Druckfehler wie sie alle guten Herausgeber aufzühlen. [36])

Auch in der Setzung grosser Buchstaben muss Uebereinstimmung herrschen, und sind alle Wörter, die gewissermassen zu einem nomen proprium geworden sind, wie Eternidade (I, 71, II, 104), Justiça (II, 79), Profundo (IV, 41, 102) gross zu schreiben.

Die Interpunktion der ältesten Ausgabe ist äusserst mangelhaft [37]), doch ist sie jetzt überall so ziemlich übereinstimmend, so dass sie nirgend weiter auseinandergeht. So haben wenige (G K) I, 82 nach acabou ein Komma, sondern die meisten einen Doppelpunkt, um als Subjekt des Satzes Baccho zu bezeichnen.

IV, 74 haben nun die besseren Ausgaben (K M):

Est' outro e o Indo, Rei,

wodurch Rei als Vocativ unabhängig von Indo bezeichnet wird. VI, 14 hat K nach o rei de vinho einen Doppelpunkt.

VII, 77 ist wohl die einfachste Interpunktion:

Alça-se em pé, com elle o Gama [38]) junto
Coelho de outra parte e o Mauritano.
Os olhos . . . .

G und L haben nach Mauritano keine Interpunktion.

---

35) So immer in A. Caminha „Ninfa'.
36) Hier findet sich auch sehr häufig ‚occeano' (cf. Son. 53), welche Schreibart G (z. B. VI, 20) beibehalten hat.
37) K (prol. p. IX) sagt von A u. AA: ‚N'uma e n'outra os pontos e virgulas se achão semeados acaso de sorte que mais servem de embaraço que de esclarecimento no sentido'.
38) G liest ‚os Gamas'.

Aus der Besprechung dieser orthogr. Punkte ergibt sich, dass die erste Hauptursache der zahlreichen Varianten in der zerfahrenen Schreibweise zu suchen ist und die bedeutende Anzahl der hier angeführten Stellen sich durch Festhalten an einer präcisen Regel durchaus gleichartig ändern lässt.

Wir haben als zweiten Grund der Verderbtheit des Textes den bezeichnet, dass gewisse offenbare typische Irrthümer von den Herausgebern ängstlich beibehalten wurden. Man darf hier nur an den Streit über den zweifellosen Druckfehler d'outro Scylla (in VI, 82 trotz VI, 24) erinnern.

Die nicht unbedingte Glaubwürdigkeit der alten Editionen zeigt sich ganz besonders au den Eigennamen. Ohne von den zahlreichen Verwechslungen von Thetis und Tethys, Massilia und Massylia zu sprechen, findet sich in A II, 56 Maria statt Maia, in AA IV, 20 Camisia st. Canusio, in A u. AA V, 5 Guido st. Gnido, in A VI, 60 Brato st. Bactro, A u. AA IX, 23 Achises st. Anchises, A und AA X, 14 Ripur st. Bipur, so auch die bekannte Stelle VIII, 32, wo A ‚Portuguez Capitam' AA. ‚Portuguez Cipião', die neuern richtig ‚Scipião' haben.

Wenn nun zahlreiche Beweise fehlerhafter [39]) und abweichender [40]) Schreibung der Eigennamen vorliegen und die Mehrzahl derselben sich in den verschiedenen Ausg. corrigiert findet, so ist es eigenthümlich, andere ebenso evidente Irrthümer beibehalten zu sehen.

So bietet A und AA II, 20

‚Cloto co' o peito corta'

Schon J. Mán. de Sousa schrieb ‚Doto' und mit Beziehung auf Vergils Aeneis IX, 102

‚qualis Nereia Doto

Et Galatea secant spumantem pectore pontum.'

---

39) Vgl. z. B. Camões (da creaçam II, 2) ‚Arthimisia fez ao seu marido Mausalo und die oben (p. 21) gegebenen Beispiele.

40) Vgl. VIII, 81 B pela maometana gente; Man. Correa: ma'ometana; K. maumetana; Aquino (G M); mahomentana.

haben die meisten Asg. (KLMO) ‚Doto' während wenige
(BFG) ‚Cloto' beibehalten haben, was kein Name einer
Nereide ist. — III, 55 findet sich der alte Name ‚Scalabicastro'
(KLM) für Sanctarem. Dies ist die einzig richtige Schreib-
art (cf. not. XI d. Ed. Roll. 1843) nicht Cabelicastro oder
Scabelicastro (G), was nach Bluteau ein durch maurische
Eindrücke verderbtes Wort ist.

So ist III, 105 Mulacha (LM), nicht Múluca (BK) oder
Moluca (G) der Name des Flusses (in Fez).

Ebenso empfiehlt sich Lianor (III, 139) mit BL und
den Quinhentisten (Jer. Corte Real, Naufragio de Sepulveda Cant. 8) gegenüber Leonor (G. K. M.).

Eine willkürliche Veränderung der Eigennamen findet
sich höchstens, wo es der Reim erfordert, so I, 11 Rugeiro
(K: Rogeiro) statt Rogerio.

V. 50 will L „nach Art der Quinhentisten" Tolomeu
st. Ptolomeo; indessen widerspricht der Anlaut pt dem
Ptg. durchaus nicht. — Der Name Alexander findet sich
bei Camões gewöhnlich ‚Alexandre' geschrieben. So steht
er VIII. 12. X, 48 und bei Zeitgenossen des Dichters.[41])

Dennoch lesen die meisten Ausg. I, 3; V, 93, 95 und
an andern Stellen ‚Alexandro' was sich gleichfalls bei Quinhentisten findet L schreibt durchgehend Alexandre; doch
da nicht herzustellen ist, wie Camões schrieb, so sind wohl
die überlieferten Schreibarten beizubehalten, umsomehr als
sich derselbe Wechsel auch bei Phebo findet z. B. VI. 18
A. M. Phebo, AA. GK Phebe.[42])

Die Verwechslung der Buchstaben e und o, die im
Drucke so leicht geschehen konnte, hat mehrere Stellen
streitig gemacht. Die Mehrzahl derselben kann jedoch schon
durch die Grammatik entschieden werden.

---

41) Vgl. Luis Perreira (Eleg. cant. 15), Menezes ‚Malac. conquist.'
I und IX, 9 ‚Digno de que Alexandre te invejara' ebenso A. Caminha
p. 57, p. 227 ‚clarissimo Alexandre p. 233, Alexandre ditoso u. dergl.

42) Der Wechsel des vocal. Auslautes o mit e ist indess nichts
Seltenes. So III, 63 de longe (G K L), de longo (M); V, 62 bailes (G M),
bailos (BKL); VI, 39 a miude (G K M) a miudo (BL Man. Corr.). So auch
neben appetito (VI, 90) aus Reimrücksichten appetite. Aehnlich besteht
neben rudo das Adj rude; vgl. II, 110, wo B ‚Africa rude' liest. — Auch
im Inlaut wechseln oft (kurze) Vocale wie e und i, z B. pelouro (K)
— pilouro. VI, 98. X, 31 (Menezes VII, 35 pelouros).

So lesen I, 20 einzelne Ausgaben (Sousa, Aquino F. K.)
'Convocados da parte *de* Tonante'
während schon die ältesten richtig 'do Tonante' habeu.
Franciso Freire de Carvalho (Lus. Lisb. 1843) weist ganz
richtig auf IV, 78
'o grão Tonante'
hin,[43]) wo der Artikel, der ja hier grammatisch durch die
Umschreibung für 'Jupiter' gefordert ist, steht.

Der Artikel hat hier so sicher zu stehen wie I, 62;
II, 103; III, 51 *de* Luso richtig ist (A do Luso A A de Luso),
da Luso hier als nomen proprium,[44]) nicht wie z. B. X, 44
als Bestimmung des ganzen Landes und Volkes gebraucht ist.

Auch I, 75 ist vom gramm. Standpunkte aus die Lesung
(AABKL) debaixo *do* seu jugo der (von AGM) debaixo *de*
seu jugo vorzuziehen.

III, 52 haben AFGLO 'rios *de* sangue', AABKM
'do sangue'. Vom gramm. Standpunkte aus lässt sich beides
vertheidigen; indem de 'Blut im Allgemeinen', do 'das
in diesem Kampfe geflossene Blut' bezeichnet. Aber
natürlicher erscheint hier *do,* was für eine Verbesserung von
A durch AA zu halten ist, und zwar nicht nur aus diesem
Grunde, sondern darum, weil ein Relativsatz *(com que)* folgt,
der sich offenbar eher auf sangue desparzido als auf rios
bezieht.

III, 77 ist *de* Tinge (GL) gegen *do* Tinge (KM) zu
verwerfen; IV, 101 hat BK und Mau. Correa 'de Ethiopia'
st. 'da Ethiopia', welch' letzteres vorzuziehen ist. Vereinzelt steht die unhaltbare Lesart des Aquino und Sousa.
I, 32 'de Parnaso' st. 'do Parnaso' (cf. Diez Gr. III, 26). VII,
20 hat A *do* Bengala, AA *de* Bengala und so fast alle
Ausgaben. Der Grammatik zufolge (vgl. Diez III, 26) kann
man diese Frage nicht entscheiden, so möge die Autorität
aller Herausgeber und von AA, die ja doch eine Verbesserung von A ist, für *de* Bengala sprechen.

X, 146 lesen die meisten Ausgaben 'influxo *de* destino'
KL 'do destino', hier ist 'influxo *de* destino' als Ein Be-

---

43) So auch Menezes (Mal. conq.) IX, 93. XI, 96.
44) Vgl. ebenso Camões. Eleg. V. Oitav. 16.

griff zu fassen und darum die gewöhnliche Lesart *de* vorzuziehen.

An einzelnen Stellen ist auch zwischen *dc* und dem
Artikel des Femininums *da* eine Variante.

II, 74 lesen AFG *de* gente' AA und die übrigen:
Enche se toda a praia Melindana
Da gente que vem ver a leda armada.

Hier ist der Artikel einerseits wegen des darauffolgenden
Relativsatzes (cf oben zu III, 52) zu empfehlen; andrerseits
findet sich fast dieselbe Stelle II, 93:
Viam-se em derredor ferver as praias
-'*Da* gente que a ver só concorre leda'
wo alle Ausgaben da haben.

Ebenso dürfte der Artikel *da* unentbehrlich sein X, 1:
O claro amador *da* Larissea'
wo wenige Ausgaben *dc* haben. (AL). Camões bezeichnet
hier die Nymphe Coronis als aus der Stadt Larissa stammend,
und in solchen Fällen braucht er übereinstimmend mit der
Grammatik stets den Artikel; so I. 3 *do* Troiano (Aeneas);
II, 57 *o* Cylleneo (Merkur); II, 53 *da* Egypcia (Cleopatra);
VI, 2 *a* Lageia (Cleopatra); ähnlich V, 5 a ilha *da* Madeira,
weil hier das Holz' bezeichnet werden soll.

IX, 71 lesen GK (nach Aquino): *dc* uma — *d*'outra;
andere (M nach Sousa) *da* uma. Der Analogie gemäss ist
der bestimmte Artikel nicht gerade nöthig, doch findet er
sich hier in den ältesten und besten Ausgaben übereinstimmend. Ein offenbarer Fehler, den nur noch einige
Ausgaben (F) A folgend haben, ist II, 13.
Na moça de Titão,'
wofür entschieden *da* moça stehen muss. — Dem Sinne
nach empfiehlt sich auch I, 89 besser die Lesart (von L)
O fogo *da* artilheria'
als *na* artilheria'.

Eine andre nicht mehr herzustellende Sache ist die
Elision einzelner Vokale, hauptsächlich des *c*. An zahllosen
Stellen gehen schon die ältesten Herausgeber, was den
Ausfall des e betrifft, auseinander. So schreibt M. Correa
(und häufig folgt ihm B): I, 1 Nunca *d*'antes; I, 2 *d*'Africa
e *d*' Asia B; I, 3 *d*' Alexandro (B *dc*; A); I, 5 *d*' agreste
(B de ag.); I, 23 *d*'ouro; I, 80 deves *d*'ir (B de ir); III, 91
que *d*'outrem; V, 59 subito *d*'ante; VI, 52 *d*'elmos u. s. f.

Bei Einführung dieser Schreibweise berufen sich die Herausgeber — meist Portugiesen — nicht etwa auf die ältesten Handschriften, sondern auf ihre Ansichten über Wohllaut. L folgt in vielen Fällen der Lesart des M. Correa; aber dennoch schreibt er (mit G K M) I, 2 ˏde Africa e de Asia' und findet diese Ausdrucksweise mehr ˏonomatopica', dagegdn elidiert er (gegen G K M) I, 3 ˏd' Alexandre' — „para evitar *a pronuncia desagradavel* de de".⁴⁵)

I; 77 hat M. Correa, P. Aquino, G K ˏde hum Mouro', andre (B M) ˏd' hum Mouro'. L setzt mit den erstern de und findet so den Vers ˏmais *cheio* e per conseguinte mais *harmonico'.*

Diese Abweichungen ziehen sich durch das ganze Epos hindurch, ohne dass ein Fremder über die Ansichten der Eingebornen hinsichtlich des Wohlklanges streiten könnte. Denn wenn Fonseca III, 77 ˏpromontorio *de* Ampelusa' (wie B G K M haben) ˏescabroso' findet, und (mit M. Correa) elidiert, dagegen III, 75 ˏSancho *de* esforço e *d'* animo' (B *de* esforço . . . *de* animo ebenso G K; *d'* esforço e *d'* animo M) als allein ˏsonoro' erklärt, so kann ein Fremder in diesem Streite der Eingebornen nur der besten Autorität folgen, nicht aber selbst entscheiden.

Derselbe Streit — lediglich um den Wohllaut — setzt sich fort mit der Conjunktion *e*, dem Artikel *a* und o und der Präposition *a.*

I, 1 lesen zahlreiche Ausgaben (A A B L M)'
        E entre gente remota edificárão',
während andre (A F G K O) e auslassen. Im Allgemeinen hat AA den Vorzug vor A zu beanspruchen, so dass wir die Lesart ˏE entre' aufnehmen werden. — In derselben Strophe vermuthet K und L auch ˏE em perigos' wo Faria und seine Nachfolger (G) wohl ohne Grund ˏQue em perigos' lesen.

I, 88 schreiben die meisten Ausgaben ˏfere *e* mata *e* poem por terra' bei andern (G K) fehlt *e* vor mata.

II, 58 findet L (gegen K) die Lesart ˏo gesto *e* o modo' „mais cheia e correcta"; dagegen ist II, 80 die asyndetische

---

45) Aus demselben Grunde M. Correa I, 80 ˏdeves *d'*ir (st. deves de ir) und I, 86 ˏD'escudo embraçado e *d'*azagaia.

Lesart des M. Correa ‚a ferro a fogo' schöner als die von
(G K M) ‚a ferro e a fogo'.
Von den meisten Herausgebern ist IV, 52 das unent-
behrliche *c* eingesetzt worden, so dass es jetzt heisst:
‚Nas guerras civis de Julio *c* Manho'.
Abgesehen davon, dass diese Conjektur an sich ein-
leuchtend ist, mag noch bemerkt werden, dass Camões auch
an andern Stellen (IV, 62 ‚Que co' a morte de⁴⁶) *Magno*
são famosas') den Pompejus so nennt, während Cäsar dies
Cognomen nirgend führt.
VI, 14 (mit K) ‚*E* ás portas' zu lesen, ist unnöthig,
ebenso VII, 10 ‚*E* entre vos' (K) und VII. 59 ‚*do* rei, *do*
povo todo' (K e do povo); dagegen ist X, 51 wohl ‚pela
cortiça calida *c* cheirosa' (schöner als das Asyndeton (v. K M).
Ebenso lesen wir mit A A K (gegen AM) X, 88:
A Lebre *c* os Cães, a Nao *c* a doce Lyra
da biedurch je zwei Glieder verbunden werden.
Auch II, 34 haben die besten Ausgaben das Polysyn-
deton: ‚Que as estrellas, *c* o ceo *c* o ar visinho' (cf. M. p. 380).
Hinsichtlich des Artikels finden sich am häufigsten nach
todo Varianten Indessen kann hier der Artikel zur weitern
Verallgemeinerung fehlen und so bleibt er am besten aus
I, 2 ‚por toda parte' (K), I, 83 em todo dano (‚in jeder Art
von Trug' trotz AA, KLM), V, 79 ‚limpos de todo falso
pensamento' (M. Correa; K hat *o*). Auch VIII, 66 ‚em todo
o feito' hat ihn M. Correa gestrichen.
Dagegen erscheint er unerlässlich II₁ 3 ‚com toda *a*
armada' (mit G K L), mit der gesammten Armee', wo er
·in vielen Ausgaben fehlt.
I, 64 hat ein offenbarer Druckfehler von A zu Varianten geführt. A liest ‚respondeo *o* valeroso Capitão'. Aber
schon A A hat richtig wieder das erzählende Präsens ‚res-
ponde *o*', welche· Lesart jetzt die allgemeine ist ⁴⁷)

---

46) Darum auch *de* Magno (als nom. prop.), nicht, wie L liest,
‚do Magno'.
47) Analog dem glaubte M. Correa IV, 65 aus ‚produze *e* cria' in
‚pro luz *e* cria' ändern zu sollen Indessen ist die Form produze mit
Joanne (IV, 12), pertinace (V, 44), requere ‚VIII, 82), fugace (IX, 63)
verglichen, nicht zu beanstanden — Beachtenswerther aber ist die hier
gelegentlich zu erwähnende Lesart (von K) VIII, 15 (6 & 7) *a si* (st. assi),
wie sich dieselbe wirklich bis auf Sousa in einigen ältern Ausgaben
fand (vgl, die Note von K. p. 390).

Aehnlich dem will K III, 110 eine Zusammenziehung von ‚está o famoso' zu ‚estão o famoso', was zwar zulässig aber nicht geboten ist.

I, 84 lesen A und A A ‚Quando Gama', wofür jetzt alle Ausgaben ‚o Gama' haben, da vor diesem Eigennamen der Artikel nie fehlt. (Diez III, 23).

III, 31 haben G L ‚era o maior', was sich sonst nicht findet und unnöthig ist.

X, 97 ist mit A A ‚que a parte Africa' zu lesen.

Einige Varianten sind anzuführen bei Substantiven mit verschiedenem Genus. So liest L IV, 80 unnöthig

‚o espiritu e a carne'

während M. Correa und G. IV, 102 den Artikel a auslassen ‚o nome e gloria'; (K M: ‚o nome e a gloria'.) ebenso IV, 104 ‚e o outro' (K M).

Auch die Präposition a (vor lebenden Objekten) ist bisweilen abgefallen. So fehlt sie in B VIII, 47, wo es doch heissen muss ‚que a um devoto' (A M), in A M X, 48, ‚vio Alexandre a Apelles' (G K L); hier schon des Doppelsinnes halber.

VI, 81 findet L ‚livraste a Paulo' für ‚mais correcto e numeroso' (gegen K M und a.)

Weitere Varianten finden sich zwischen e, o und ou. [48]) So liest L III, 85

‚O que em sua vida já se exprimentára'

statt ‚E que' (K M), wodurch das folgende doppelsinnig auf pai bezogen würde.

II, 83 hat M. Correa ohne Grund

‚a ver-te te e a servir-te'

statt ‚ou a servir-te'.

VIII, 3 ist wohl (mit G L M)

‚foi filho ou companheiro do Thebano'

zu lesen, da ‚e companheiro' gegen III, 21

‚filhos foram ou companheiros'

verstossen würde. (A AA B K lesen VIII, 3 ‚e companheiros').

Sehr selten findet sich der bestimmte Artikel mit dem unbestimmten als Variante wie III, 141. (G K M).

---

48) V, 63 variiert ou und em. B L lesen ganz passend:

Cantigas pastoris em prosa ou rima,

andere (K M): ‚ou prosa, ou rima'.

despois que *hũa* moça'
dagegen B despois q̄ *a* moça; ebenso L.
Noch sei hier der fast überall verschiedenen Schreibung
der Präposition *com* erwähnt. Was vom metrischen Standpunkte zu sagen ist, ist dasselbe, was oben von dem nasalen
m angeführt wurde. Auch hier ist bald der Til, bald m,
bald Elision (mit und ohne Viracento) oder Contraction zu
finden. Von den tausend Stellen sei z. B. nur III, 80 bemerkt, wo M. Correa (G) *com* a idade', K M: *co'* a idade'
(was nach L nicht *numeroso'* ist), B: *cõ* a idade' liest.
IV, 62 ist die richtige Lesart *co'* a morte' (mit A AA
B M) gegen *com* morte' (G K L).

Als dritten Grund der Textverstümmelung haben
wir das Missverstehen einzelner Latinismen
und Archaismen bezeichnet. Denselben führt auch
der Herausgeber des Hyssope an, wenn er mit Beziehung
auf dieses Epos sagt (p. 16): *Da* ignorancia da lingua
nascem outros aiuda maiores (males), quaes os sentidos
falsos que se daõ a muitas palavras'. Mit Vorliebe sucht
Camões poetische Worte aus der lateinischen Sprache in
seine Muttersprache zu ziehen, von der er nicht ohne Stolz
(I, 33) sagt:
   E na lingua, na qual quando imagina
   Com pouca corrupção, crê que é latina'.
Hinsichtlich dieser Sprachbereicherung bemerkt Francisco José Freire im *discurso preliminar'* zu seinem *Dic-*
cionario poetico': *Começou* (Camões) a enriquecer a sua
epopea de infinitas vozes novas estranhas tiradas da linguagem que inventáram os poetas *Latinos'.* [49])
   So nahm er neue lateinische S u b s t a n t i v a wie exicio
(I, 16), incola (III, 21), divicias (VII, 8), inimicicias (VII, 8),
nequicia (VIII, 65), insula (IX, 21), mora (IX, 73), cerviz
(X, 10), dann V e r b a wie soe (III, 1) besonders im P a r -
t i c i p P r ä s e n s: adjacente (III, 26), rompente (III, 48),
fulgente (III, 107), estridente (IV, 31) u n d P e r f e k t

---

49) Vgl. hierüber auch J o s é d a F o n s e c a *Tratado da versificação*
portugueza' pag. 74 sqq und F r a n c i s c o D i a s G o m e z *Obras poeticas'*
pag. 298 sqq.

Passiv, profligado (X, 20), vor allem aber Adjektive
[peregrino (I, 58), bellacissimo (II, 46), canoro (II, 106),
inclyto (IV, 47), rotundo (X, 7)] der Farbe und des Stoffes,
wie: argenteo (II, 20), igneo (VII, 67), fulvo (X, 3), dann
zusammengesetzte wie grandiloquo (I, 4. V. 89), horrisono [50])
(II, 100), altisono (V, 87), fatidico (VIII, 8), undivago
(VIII, 67), insbesondere aber Composita von fero
und gero, wie: estellifero (I, 24), sagittifero (I, 67),
mortifero (II. 2, 48), aurifero (II, 4. VII, 11), salutifero
(II, 4. X, 134), odorifero (II, 12), ensifero (VI, 85), belligero
(I, 34. III, 50), lanigero (II, 76), armigero (IV, 23). Auch
bei den Adjektiven auf vel tritt sehr häufig schon im Po-
sitive die lateinische Endung auf *bilis* ein, so V, 53 impossibil (K L M), wo AA und B impossiuel' lesen, VI, 88
impossibil, V, 48 implacabil, VI, 11 invisibil, und sehr häufig
im Reime (I, 65). Indessen sucht Camões meist nur jene
lateinischen Worte, die im Ptg. sei es in dieser Form oder
in dieser Beziehung nicht vorhanden sind. Darum kann
II, 54 die Lesart:

Levando o Idololatra e o Mouro preso'
die M. Matteus so sehr als „Latinismus" vertheidigt, die
aber ausser A, AA, M nur wenige Asg. haben, nicht richtig
sein und wir lesen in Uebereinstimmung mit den besten
Herausgebern Idolátra', wie auch VIII, 85, X, 147, wo
Idolátra neben Mouro wieder steht.

Eine Anzahl Wörter nahm Camões aus anderen romanischen Sprachen, zumal dem Spanischen und Provenzalischen
denen das Ptg. überhaupt zu seiner Zeit näher lag. So ist
z. B. fermoso, fermosura (span. hermoso, altsp. fermoso)
fast übereinstimmende Schreibweise der Quinhentisten. Sie
findet sich durchgängig in A. Caminha, bei Ant. Ferreira
(z. B. Ecl. I), Camões (Canc. VI. Eleg. VIII), abwechselnd

---

50) Bei diesem Worte ist auf die offenbar richtige Lesart von
GKL hinzuweisen, welche II, 96 horrisono do ouvido' haben, statt
horrissimo (A A A B M). Diese Lesart ist nicht nur an sich vorzuziehen,
da horrisono besser von einem som aspero' gesagt wird, sondern auch
etymol richtiger. Der Superl. horrissimo' liesse sich mit miserrimo
(V, 48), asperrimo (III, 34) nicht vergleichen, wenn auch ähnliche Beispiele
von Abwerfung der Silben in der Mitte (z. B. imigo — was mit Gendon
wohl auch VII, 8 zu lesen ist — cuidosos (III, 132) is = idea (IV, 91)
den Ausfall der Silbe di hier zulässig machen könnten.

in B, und João Franco Barreto bemerkt (Prolg. da Eneid.
do Virgil.), ausdrücklich: ‚formoso e formosura não é orthographia minha, mas fermoso‘. Desshalb empfiehlt sich auch
diese von L aufgenommene Lesart.

An einzelnen Stellen macht das Metrum [51]) nöthig,
das Pron. *sua* einsilbig zu lesen, z. B. I, 33; III, 89; V, 100;
VIII, 8. Francisco Dias Gomez (Obras poet. pag. 298)
schreibt hierüber: ‚Adoptáram as mesmas regras de economia
metrica que os Provençaes lhes communicaram e com ellas
as mesmas liberdades . . . por exemplo em ‚*sua*‘ parte
feminina do possessivo *seu* raramente deixavam de contrahir
todos os melhores poetas que escreveram nos sobreditos
idiomas modernos [52]) facendo de sua ‚*sa*‘ a maneira dos
Provençaes como se pode ver nos dous sonetos do dito rei
Dom Diniz,[53] os quaes andam nas obras de Antonio
Ferreira‘, und tom. IV, pag. 252 (in den memorias da litt.
Portug.) sagt er: ‚Pronunciava-se então ‚*sa*‘ a maneira dos
Provençaes com mais o menos modificação do som, como
o comprova este exemplo:

‚Com *sa* fermosa madre e *sus* donzellas‘
(Ferreira poem. II. Son. 35.)

L schreibt in diesen Fällen stets *sa* in den Text, was
indessen ganz unnöthig ist (cf. Diez, Gr. II, 97.)

Einige Wörter lauteten zu Camões Zeiten etwas anders,
weshalb sie von spätern Herausgebern theils entstellt, theils
falsch erklärt wurden. So hat L I, 27 die alte dem lat.
perfidia nähere Schreibweise perfiu (vgl. Diez, Etym. Wörterb.
d. r. Sp., 3. Aufl. 1870, II, 166) st. porfia (unter Bezug-
nahme auf Diogo Bernardes ‚O Lima‘ Ecl. 7) beibehalten [54]);
ebenso I, 39; III, 48 estamago wie auch B hat, was von

---

51) Allerdings finden sich bisweilen metrische Anomalien durch
Diärese und dgl., so VI, 10 chaos einsilbig, VIII, 46 destruição viersilbig,
VIII, 52 traições dreisilbig, VIII, 97 Threicio dreisilbig (IX, 21 nach
einigen primeira. cf. unten).
52) Der Spanier hat das einsilb. su und auch im Ital. findet sich
so und sa (st. suo, sua). So Francesco Baldovini (Lamento di Cecco
da Varlungo): ‚E cerca di trar l'aqua al *so* mulino. — Dà del *so* vino.
— Fatto il *so* giro‘.
53) Im Cancioneiro d'El Rei Dom Diniz (ed Dr. Caetano Lopez de
Moura Paris 1847) findet sich sa einigemale (p. 27). cf. Diez, Aelteste
pt. Kunstpoesie S. 114.
54) Dagegen A. Caminha p. 52 porfia, p. 393 porfioso.

den meisten in estomago umgesetzt wurde, obwohl die
Quinhentisten (Ferreira livr. II cart. 12; Fernan' d'Alvares
do Oriente, Lusitan. transform. Liv. II) so schrieben.
II, 6 liest L phantesia (B *fantasia*) mit Beziehung auf
Antonio Ferreira Poem. Lusit. 6 ‚ou m'engana a phantesia'.
Ebenso bei A. Caminha p. 52, 58 ‚fantesia'.
II, 43 hat L (mit B) ‚saluços e lagrimas', wo die
übrigen soluços haben; die Schreibung saluço (durch B. Luis
Perreira. Eleg. cant. VI ‚por saluços a estarem interom-
pendo' beglaubigt) dürfte vorzuziehen sein. III, 3 lesen die
meisten Asg. (schon des Reimes halber) escuitando (statt
escutando), wie sich dies Wort auch bei Diogo Bernardes
‚o Lima' cart. VII) geschrieben findet.
III, 43 haben BL bautizado st. baptizado. (Ueber die
Erweichung von b und p, und die Auflösung beider in u,
s. Diez, G. d. r. Sp., I, 278 etc.) Bautizado ist offenbar
richtig und findet sich auch sonst oft; so Menezes (Mal.
conqu. VI, 60).

> ‚Como a bautizada
> Gente me entreque ...'

Pavia, Sermões I fol. 87 ‚Bautizada gente'.
III, 67 und X, 145 bieten die meisten Asg. mit wenig
Ausnahmen (z B. FGK) ‚No mais'.
Die Verbindung ‚no mais' (st. não mais) weist Fonseca
als stereotyp nach aus Pereira, Eleg. XI ‚no mais, no mais
agora, afflicta Musa und Jeronimo Corte Real (Cerco de
Diu ct. XIX.), vinte leguas no mais dalli. [55]). — V, 15 liest
L ussas st. ursas (sp. orsas) mit Hinweis auf Diogo
Bernardes (o Lima, cart. 2) ‚vão como parto d'ussa' (cf. Diez
I, 225). — Keine ältere Asg. hat so, wesshalb es in den
Text nicht aufzunehmen ist. — IV, 14 hat M. Correa ‚a secca
frol statt *flor*, ebenso IX, 60 ‚a *frol* Cephisia', welche Schreibart L aufgenommen hat. Neves in seinem Werke ‚Causas
da decadencia da lingua Portugueza' sagt (pag. 384): *frol*
disseram os nossos antepassados formando o vocabulo de origem
latina, mas com dissimilhança para que se conhecesse
Portuguez. Este se mudou depois em flor. E porque?

---

55) Warum K III, 67 ‚não mais' und X, 145 ‚nó mais, Musa, nó
mais' — noch dazu mit Akut — schreibt, ist bei der Uebereinstimmung
aller alten Ausgaben nicht einzusehen.

Seria para o approximar á origcm latina? Não havia n'isso
interesse? Polo gosto do ouvido? Isso sim.'
Fonseca liefert zwar Beweise aus Barros (Decad. 3)
em frol', aus Jeronimo Corte Real (Cerco de Diu cant.
IX) a frol dos Sarracenos.' Auch ist frol' im Cancioneiro
d'El-Rei Dom Diniz häufig (p. 70. 144. 145 etc.), doch hat
sich gerade in flor (vgl. Diez G. 213,3) die Liquida überall
erhalten; keine ältere Ausgabe des Camões liest so, so ist
die Lesart von L nicht aufzunehmen.

Ebenso verhält es sich mit X, 110, wo L alifantes'
st. elephantes' liest. Diese offenbare Verstümmlung (so in
Jeron. Corte Real, Cerco de Diu ct. 21. armados alifantes')
hat keine der ältesten Ausgaben und, wenn sie auch im
Gebrauche war, so stund sie wohl im Originale des Camões
nicht.

II, 5 liest L stá obrigado,' wodurch der Vers allerdings
harmonischer wird. Duarte Nunes de Lião Orthogr.
regr. VI,' erklärt das e vor s impurum als grande error
e má maneira de screver'.

Aber dieses prothetische e wird immer, ja sogar etwas
aspiriert gesprochen. — Diez (Gr. I, 241) bemerkt sogar,
dass es im Altkatalanischen bisweilen nicht geschrieben,
trotzdem aber gesprochen wird, ja sogar eine Silbe im
Verse ausmache. (Milá Jahrb. V, 176 vgl. auch Diez I. 381.)
— Es ist darum ohne Bedenken die allgemeine Lesart está
beizubehalten.

Despois (II, 107) hat als ältere Form bei Camões den
Vorzug vor depois. Auch ist die Schreibart resposta (IX, 16)
gegen die von B u. a. gebrachte reposta als etymologisch
richtiger aufrecht zu erhalten. Auf die Akademie kann
man sich hier ebenso wenig wie bei andern Gelegenheiten
berufen, denn sie schreibt z. B. Caminha pag. 127 reposta,'
dagegen pag. 372 resposta.

Eine Anzahl Wörter hat verschiedene Deutung
erfahren.

II, 36 lesen A AA B K L M O.
      da alva petrina flammas lhe sahiam.'
gegen Faria, P. Thomás, F. G, welche pretina' haben.

Moraes erklärt petrina' — o logar, onde se ella aperta
isto é a cintura' und Bluteau schreibt petrina — palavra

castelhana val o mesmo que *cinto* e chama-se petrina por
ventura, porque cinge o peito. Ainda hoje se chama
jubão de petrina certo jubão das salayas do Porto. Costu-
mava Sylla chamar a Cesar Teyxe mal atado por ser costu-
mado de Cesar andar com a petrina muito larga (Mon.
Lus. tom. I. fol. 310 col. II.) Na oitava 36 do Canto II,
em que descreve Camões as vestiduras de Venus diz este
poeta: ‚Da alva petrina etc.’ No texto e no commento
está ‚pretina’; deve ser error da impressão.’
Diez (Etym. Wtbch. II, 402) sagt: ‚Poitrine fr. pr.
peitrina Brust; gleichsam pectorina, noch dauph. peiturina;
ursprünglich wohl Bruststück oder Brustriemen = sp.
petrina, pretina Gürtel [56]), altsp. petrina, aber auch für
pecho (Mar. Egypc.). Altfrz. hatte man noch pis (pr. peitz
Euter) altf. Brust.’ — Ebenso erklärt es Duarte Nunes de
Lião (vgl. Diez Altrom. Glossare S. 21 unter femur.).

O im Commentare hält petrina fest und erklärt es
zwar als ‚Gürtel’, aber leitet es nicht von pectus, sondern
von einem aus petra gebildeten Adj. ‚petrinus, a, um’ ab
mit der gewaltsam herbeigezogenen Erklärung: ‚Nós nos
inclinamos antes a creer que venha do Latim ‚petrinus, a,
um’, consa que tem *pedras* e se desse esse nome ao cinto
depois que o luxo introduzio o costume de se ornarem com
pedras preciosas.’

Andre endlich (D. J. M. de Souza) und ganz besonders
Morgado Matteus, der immer glaubt unfehlbar das richtige
gefunden zu haben, nimmt das lat. pectus (Roquefort, gloss.
de la langue Rom.) und das davon gebildete provenzalische
‚peictrina‚ (peitrina) und erklärt es einfach als ‚Brust.’
Dabei beruft er sich auf Arnaut de Marvill (cf. Bartsch,
Chrest. prov. pag. 91, 40) wo es (in dem Gedichte ‚domna,
genser que no sai dir) heisst:

‚Menton e gola e *peitrina*
Blanca com neus ni flors d'espina’

und will beweisen, dass Torquato Tasso diese Stelle übersetzt habe:

Mostra il bel *petto* le sue nevi ignude,
Onde il fuoco d'amor si nutre e desta.

---

56) In diesem Sinne steht es schon bei Garcia de Resende (cf. K.
pag. 379).

Dass diess offenbar keine Uebersetzung ist, erhellt auf den ersten Blick. Betrachten wir indessen die Stelle selbst, so finden wir, dass es nur ‚Gürtel' heissen kann, wie es Eitner richtig übersetzt:

‚Vom lichten G ü r t e l strömen Flammen aus'.

Der Dichter beginnt mit dem H a u p t h a a r e der Göttin die Schilderung (Z. 1), steigt zum schneeweissen H a l s e (Z. 2) herab, schildert (Z. 3) die erregten B r ü s t e — as lacteas tetas —, dann offenbar (Z. 4) den G ü r t e l (petrina) und von hier aus die dünne Hülle des U n t e r - l e i b e s (XXXVII, 1). Warum sollte er der Brüste zwei- mal Erwähnung thun, wenn er die Göttin v o n G l i e d z u G l i e d h e r a b s t e i g e n d schildert? So sind es neben den etym. Gründen hauptsächlich sachliche, die für die Ueber- setzung ‚G ü r t e l' sprechen.

· IV, 49. As *pandas* azas. — Pandas hat vielfache Er- klärungen erlitten. Ignacio Garcez Ferreira schreibt ‚ab- rindo as pandas azas é um pleonasmo, pois pandas quer dizer ‚estentidas'. Gegen diese Auffassung eifert M. Matteus und Fonseca erklärt (p. 480) ‚pandas' durch ‚curvas, con- cavas, tiesas'. Diese Erklärung ist weder poetisch noch etymologisch entsprechend.

Pando (vom lat. pandere) kann doch nur ‚ausgebreitet' und dann etwa ‚was sich ausbreiten lässt' heissen. Somit dürfte die geeignetste ‘Uebersetzung ‚s c h w e l l e n d' sein, wie dies schon jedes Wörterbuch zu pando bemerkt. .

VI. 18 lesen die meisten (F G O M)

‚ostras e *brebiguões*'

(A AA camarões B birbigões, K L misilhões, andre mexilhões). Nach den Gründen die K (pag. 388) gibt, ist *misilhões* (vgl. 17) die beste und sachlich am meisten ent- sprechende Lesart. — Eine Eigenthümlichkeit von L ist der strenge Unterschied zwischen *per* und por,[57]) indem er fest- hält: ‚per indica o agente, o meio; *por* o motivo' (= frz. par und pour). Die Durchführung ist ziemlich schwierig (cf. Diez G. III, 235; Etym. Wtb. I, 329) L schreibt also I, 1 *per* mares, I, 12 pois *polos* doze, ähnlich I, 6 *pera* do

---

57) So z. B. El-Rei Diniz 15 ‚polo'; Sá de Miranda 34; Bernardim Ribeiro Eclog. V; Andr. Caminha 102 ‚polo' u. a. m.

mundo (= para catal. Präp.) IV, 71 *pera* elle (so zuerst Gendron) u. s. f. Die ältesten Ausg. führen keinen Unterschied durch, so dass wir ihren Text belassen werden. Die Conjugation des Verbums ist, was Umlaut betrifft, bei Camões öfter nach span. Art. (cf. Pedr. José da Fonseca ˏrudiment. da ling. port,᾿ p. 347). Es findet sich dieser Umlaut öfter auch in der zweiten und dritten Person Indik. Präs. beïbehalten und also nicht blos *sigo* (IX, 77) und (im Conjunktive) im*p*idas (VIII, 75), sondern auch *si*gues, sigue. Indessen scheint dies sehr willkürlich gewählt zu sein, denn wie IX, 27 ˏconsente᾿, so findet sich II, 61 dreimal gegen die Grammatik der Imperativ ˏfuge (st. foge), — L hat überall (z. B. III, 30, 68 sigue) den Umlaut, wo ihn die andern nicht haben. III, 129 lesen die meisten Ausgaben -den Ind. Präs. mo*u*ro st. mo*rr*o, II, 41 den Conjunktiv mo*u*ra st. mo*rr*a, wie L hat. — Bei einer grossen Anzahl mit a anlautender Wörter haben mehrere Herausgeber aus metrischen Gründen das a abgeworfen. So z. B. III, 38 a *a*levantar (KM) a levantar (GL); III, 130 alli *a*ppregoam (M) — alli pregoão (GKL); IV, 87 está *a*ssentado (BGKM) — sentado (L); VIII, 49 *a*dormeces (GKM) — dormeces (L); X, 45 mas *a*lembrou-lhe (KM) — lembrou-lhe (GL) u. s. f. Die ältesten Ausgaben haben fast alle das anlautende a [58]) und vor einem Vokale, besonders vor a ist es recht wohl zu belassen (z. B. III, 38, IV, 87). Wenn aber Fonseca zu X, 45 bemerkt, dass alembrou ein, ˏverso prosaico e intoleravel᾿ sei, so ist er wohl im Rechte, wesshalb hier lembrou vorzuziehen ist. — So haben auch VII, 62 alle lianças statt *a*llidanças.
Dieselbe Variante wiederholt sich bei *i*nda und *a*inda.

Bei einer Masse von Stellen haben Rücksichten auf die Grammatik und den Sinn Anstoss erregt. Hier mag wohl am besten darnach geändert werden, was·bei der Unzulänglichkeit der alten Drucke kaum ein allzu grosses Wagniss ist.

---

58) Die Akademie in der Ausgabe des A. Caminha zieht die Lesart levantar, lembrar etc. vor.

So lassen sich mit Rücksicht auf die Grammatik folgende Stellen verbessern oder erklären:
III, 61 heisst der überkommene Text:

> . . . . . por onde soa
> O tom das frescas aguas entre as pedras
> Que murmurando *lava* . . . .'

Das Subjekt hiezu scheint logisch ˏfrescas aguas' zu sein; deshalb haben einige Ausgaben (LM) ganz geschickt *lavä* geschrieben; aber die Mehrzahl (BFGKO) behielt das überlieferte *lava*, denn ˏlavä e Torres-Vedra' ist metrisch etwas störend. Es ist ˈhier eben ˏo tom' das gramm. Subjekt, wobei sich der Dichter allerdings eine eigenthümliche Ausdrucksweise erlaubte, indem er hier die Verba gewissermassen verstellt, so dass dies murmurando lava eher zu fassen ist ˏas *lavando murmura'* (= der sie bespülend dahinmurmelt). So ist eine wenn auch hübsche Conjektur erspart.

Aehnlich ist die Stelle IV, 30:

> ˏHuns *leva* a defensão da propria terra,
> Outros as esperanças de ganha-la'.

Auch hier haben einige (F) nach dem Vorgange des P. Thomás die Lesart *levä* vorgeschlagen, wozu sie zwei Gründe verleitet haben mochten. Einmal konnten sie huns als Nominativ fassen, oder aber levam wegen des folgenden pluralen ˏas esperanças' verlangen. Den Acc. huns als Nominativ zu erklären, verbietet jedoch sowohl die überlieferte Form *leva* als noch mehr die Bedeutung des Verbums *levar*, das eben hier ˏerheben, beseelen' heisst.

VII, 70 lesen zahlreiche Ausgaben (KMN) nach Aquino ˏfresca Goadiana'. Aber Camões behandelt alle Flüsse als Maskulina, ja selbst solche, die ausdrücklich im Lat. als Feminina gelten, z. B. Son. 73 *do* Lethe, so dass die Lesart ˏfrescoˏ (GL) entschieden vorzuziehen ist.

VIII, 62 haben fast alle Ausgaben:

> Que signal, nem penhor não é bastante
> As palavras d'um vago navegante.

und IX, 89

> Outra cousa não é que as deleitosas
> Honras . . .'

In beiden Fällen haben sich einzelne Herausgeber, wie sie motivierten, „aus gramm. Rücksichten" für não *são*

entschieden. Ohne jeden Grund! Im Gegentheile wäre
IX, 89 dann erst falsch. Sollte IX, 89 *é* anstössig sein, so
möchte ich etwa (st. nä he) não *ha* (= es gibt nichts anders als . . . .) empfehlen; aber VIII, 62 ist *é* recht wohl
beizuhalten. Abgesehen davon, dass não são Kakophonie
ist [59]), sind solche Fülle, wo die Copula mit dem Prädikate
statt mit dem Subjekte congruiert, oft nachzuweisen (cf.
Diez Gr. III, 289). — X, 2 haben Aeltere (B).

Mesas d'altos manjares excellentes
Lhe tinha apparelhados'.

was mit Beziehung auf mesas nur ein Druckfehler st. ap-
parelhad*as* sein kann.

Eher zu vertheidigen ist VII, 33 ‚de sabios' (B G K),
obwohl natürlicher sabi*as* (L M) mit Rücksicht auf gentes ist.

X, 128 ist nur dadurch zu verbessern, dass im Wider-
spruche mit A und A A molha*do* und escapa*do* und voran
dann statt os cantos der Singular o cant*o*, auf den sich
gramm. vem ebenso wohl beziehen kann, geschrieben wird
(M.) Es empfiehlt sich diese Aenderung jedenfalls besser,
als wenn (mit G K) das Original auf Kosten des Reimes
erhalten wird.

Der Sinn zahlreicher Stellen wird oft durch kleine
Aendrungen wiedergefunden.

I, 5 lesen (nach M. Correa) die meisten Ausgaben:
‚Gente vossa que *a* Marte tanto ajuda.'

K (cf. p. 377) vertheidigt ‚que Marte', L hat ‚a que
Marte'. Beide Lesarten sind besser als das Original; denn
einerseits zeigt K ganz richtig, dass der Gott nicht der
menschlichen Hülfe bedarf, andrerseits wäre es gewaltsam,
wenn man diese Erklärung umgehen wollte, dem Verb
ajudar die erst nachzuweisende Bedeutung ‚erhöhen,
dienen' (= lat. augere) „das zum Ruhme des Mars bei-
trägt" beizulegen. Darum ist a vor que zu stellen „Euer
Volk, dem Mars (o patrio Marte, IV, 15) so sehr beisteht"
(porque a gente forte o merecia I, 36).

II, 17 lesen mehrere (G K L) ‚E *com* esta traição' st.

59) Ein Grund, der allerdings durch andre Beispiele, z. B. I, 93
prazer fazer, entkräftet würde.

des gewöhnlichen ‚E nesta traição’ (M.) — Com ist jedenfalls dem Sinne entsprechender, doch nicht überliefert.

III, 71 haben alle Ausgaben ‚de ti victoria dina’, nur K liest ‚indina’, was trotz der Anmerkung (p. 380) unnöthig ist.

IV 11 liest K ‚os suberbos moradores’ (st. matadores). Weder ältere Varianten, noch der Sinn der Stelle berechtigen dazu, diese Correktur Faria's anzunehmen.

IV, 16 lesen K M N.
Venceram esta gente taõ guerreira?
alle andern das handschriftliche ‚vencestes’.

M. Matteus bemerkt: Assim ‚(venceram) se deve ler este verso e não ‚vencestes’ come se vê em todas as edições. und K (p. 381) sagt: (Vencestes) é um erro de grammatica em que não cahiria um principiante da escola, quanto mais um mestre da lingoa, como Camões’.

Die Lesart ‚vencestes’, die unbeanstandet durch alle alten Ausgaben ging, ist trotzdem nicht nur richtig und poetisch, sondern an dieser Stelle sogar zweckentsprechend und wird durch das folgende puzeram nicht in Zweifel gestellt.

„Seid ihr nicht die Nachkommen jener — (also Ptg.) die ihr einst dies Volk besiegtet, als jene („aquelles = eure Ahnen) so viele Truppen in die Flucht jagten."

Die That (puzeram em fugida — trouxeram presos — tiveram) wird den Kriegern des Infanten zugeschrieben, der Sieg von Valderez jedoch in seinen Folgen, der Thatenruhm ist der ganzen Nation und vornehmlich den hier angeredeten Soldaten gemeinsam.

IV, 29 lesen K L
‚o temor é menor muitas vezes’
alle andern maior. — Menor ist entschieden richtiger, nicht nur was den Ausdruck an sich betrifft ‚Nos perigos grandes o temor é menor muitas vezes que o perigo’, sondern ganz besonders wegen der weitern Ausführung, wo der Dichter an seinen Satz anknüpfend sagt, dass der Kämpfer den Verlust eines Gliedes — ja des Lebens nicht mehr beachtet. (vgl. die lange Begründung in K. p. 381—384.)

V, 16 setzt L eu ein:
‚Ainda que eu tivesse a voz de ferro’.

V, 86 liest K (mit Faria):
　Agora *julga*, o rei, *se* houve no mundo
　Gentes . .
ebenso G und L. — A, A A, M haben:
　Julgas agora, Rei, *se* houve . .
ältere (B und 1651)
　Julga tu agora, Rey, *se* ouuve.
Francisco Freire de Carvalho:
　·　*Julgas* agora, Rei, *que* houve . .
Wenn wir uns auch einzelne Buchstaben und
Silben an älteren Ausgaben zu ändern erlauben dürfen,
so müssen wir doch in der Umstellung mehrsilbiger
Wörter behutsam sein. Es wäre also die Wortfolge von
A und A A beizubehalten: *Julga agora* etc. So zu schreiben
ist gegen den Vers, obschon sich bei Camões Fälle finden,
wo die Synalephe (selbst bei kurzem e) nicht beachtet ist.
(z. B. IX, 90 Sobre *as* azas). [60])
Wollten wir also hier unserm Dichter eine Unregel-
mässigkeit zur Last legen, so hiesse der Vers (mit Streich-
ung des *s*) nach A und AA:
　Julga agora, rei, *se* houve no mundo.
(Das *tu* von B ist nur aus metrischen Gründen ein-
geschaltet.)
Sollte aber weder dem Dichter ein Unrecht geschehen,
noch das *s* von julgar fallen, so empföhle sich dem Sinne
und der Grammatik nach der Conjunktiv statt des
Imperatives:
　Julgues agora, Rei, *se* houve no mundo,
wodurch die älteste Wortfolge und Schreibart am
getreuesten erhalten bliebe. — Die Variante des
Carvalho *que* houve' ist nicht zu rechtfertigen.
VI, 1 lesen mehrere (G L) nach M. Correa's Vorgange
　que *não* o fez visinho'

---

60) Pedro José da Fonseca weist nach, dass dies bei älteren
Dichtern öfter vorkomme und Leonel da Costa sagt in einer vor
seiner Uebersetzung der Georgika und Eklogen des Vergil stehenden
epistola ao Leitor' von Camões: Muitos dos seus versos não estavam
constantes mas faltos e imperfeitos *por deixar* algumas vezes de fazer
a synalepha que se ha de fazer na ultima vogal precedente e na primeira
da seguinte.

was sich besser empfiehlt als die gewöhnliche Lesart (KM)
‚que *não no fez.*’

IX, 46 ist wohl kein Grund das überlieferte ‚*no* coração
dos Deoses’ mit K (cf. p. 392) in ‚*o* coração’ zu ändern;
ebenso unnöthig ist X, 84 die Aenderung von K, L ‚nem
nego statt nega.

Eine grosse Anzahl von Varianten beruht auf dem
Zweifel über einen einzigen Buchstaben.

I, 29 haben jetzt alle Ausgaben ‚tornarão’ statt des
von Francisco Manoel gebrachten ‚tomarão.’

I, 47 lesen einige (FLO) ‚tem adagas’ (Dolch) statt
‚adargas’ (kleiner Schild I, 87, VII, 39) Adaga und terçado
wären zwei Augriffswaffen (cf. Diez Etym. Wtb. I, 410
targa.)

I, 93 haben einige (FGO)
‚Va cahir, *onde* nunca se levante’
was schon M. Correa als ‚*erro manifesto*’ bezeichnet statt
des richtigen *donde* (KM), *d'onde* (L).

III, 3 hat A: ‚não me mandas cantar’ st. contar, was
schon AA liest. Wegen IV, 57, wo B und L Ca*l*iz statt
Ca*d*iz haben, vgl. Bopp, vgl. Gr. 2. Aufl. I, 29, Diez Gr. d.
r. Sp. I,235.

V, 33 lesen einige (GKL) nach Faria statt des überlieferten *t*ecida *c*recida (cf. G. p. 420), was wohl in den
Text passt. A hat *t*ecida, in AA ist (nach K p. 388) blos
*c*ida leserlich.

V, 85 ist die alte Lesart dara saude (BKM) gegen
die Variante d*c*ra festzuhalten.

VI, 39 lesen die ältesten Ausgaben *mas* [60]) es*t*regando.
So auch M. Mattens, der es vom lat. extergere ableiten
will und mit ihm FGO. — Die meisten und besten Ausgaben lesen es*f*regando. (BKLM.) Dann ist das Komma
nach abertos zu streichen und n a c h esfregando zu stellen:
„die gegen ihren Willen offenen Augen r e i b e n d“. Die
Phrase ‚es*f*regar os olhos’ ist unbestritten und findet sich
z. B. im Hyssope p. 20 ‚Aqui os turvos *olhos es*f*regando*’
ebenso p. 48, 64.

---

61) B hat *mal* st. mas, was sicher ein Druckfehler ist.

VI, 56 haben alle bessern Ausgaben nun *Emporio* st.
Imperio (B) aufgenommen.

VI, 75 lesen G M ‚leva o mastro', B ‚o masto', was am
Sinne nichts ändert.

VII, 70 liest A: Do *rio* Tejo e fresca Goadiana'.
Dies *rio* nimmt sich lahm aus und findet sich auch
selten zu einem Flussnamen gesetzt, in den Lusiaden ohne
Epitheton z. B. III, 11 Albis *rio* (XII. 11) (mit Epitheton
Camões, da creaçam II, 35: ‚Neste divino e sacro *rio*
Jordão'). —

Schon AA hat *rico* st. rio und diese Lesart ist nun in
alle Ausgaben übergegangen. *Rico* sagt Camões gewöhnlich
von Ländern (VII, 12), Städten (VII, 22), selten von
Flüssen. Zwar könnte man auf den schon im Alterthum
bekannten Goldreichthum des Tajo (Ovid. Met. II, 251) hin-
weisen, von dem Camões (Eleg. 2) o *dourado* Tejo, (Eclog. 8)
‚Area d'ouro que o *rico* Tejo espraya' spricht; aber an und
für sich, wo der Sinn nicht darauf führt (wie Ecl. 8) gebraucht Camões *rico* nie als Epitheton dieses Flusses; denn
Eleg. III

vejo o puro soave e *rico* Tejo

lautet in den alten Ausgaben (St. 63) ‚suaue e *brando* Tejo'
eine Bezeichnung wie sie auch Canc. 4, Ecl. 2, ähnlich
manso (Ecl. 3), doce (Lus. IV, 84), ameno (Lus. III, 58),
dann auch claro (Lus. III, 42, 55 Od. VI) charo (Lus. V, 3
u. a.) sich findet.

Dagegen ist zu bemerken, dass Camões in einer Art
von Parallelismus die Adj. *fresco* und *frio* ganz gewöhnlich
nebeneinander (IV, 23) oder nicht ferne von einander
IX, 51, 52 stellt.[62])

Frio ist gewissermassen gleichbedeutend mit ameno
(Ecl. I valle ameno e *frio*) und wird zu verschiedenen
Flüssen Meotis (III, 7), Rheno (III, 11), Axio (III, 13),
Garumna (III, 16), Phasis (III, 71), auch zu südlichen wie
(X, 127) ‚Nilo *frio*' gesetzt. IV, 23 gebraucht Camões in
demselben Parallelismus die beiden Adj. und zwar von
den Gewässern des Tajo:

---

62) So auch anderweitig in den romanischen Sprachen, z. B. Peire
Guillem (Nouvelle allégorique Bartsch Chrest. 266, 5): On cor fontaina
sul gravier, *fresca, freja*, clara e genta.

Joanne forte sahe da *fresca* Abrantes,
Abrantes que tambem da fonte *fria*
Do Tejo logra as aguas abundantes'.
    Da nun A und AA auseinandergehen, würde vielleicht
VII, 70
    Do *frio* Tejo e fresco Goadiana'
zu lesen sein.

VIII, 34 lesen jetzt fast alle Ausgaben:
    Olha este desleal o como paga
    O perjurio que fez e vil engano'.

Die Stelle dürfte wohl nicht verlieren, wenn statt des ersten o die Conjunction *e* eintreten und die Lesart *perjuro* (von A) statt der (von AA) *perjurio* beibehalten würde, so dass es hiesse: Schau den Verräther und wie er büsst den treulosen und schnöden Betrug, den er verübte'. Denn wenn wir perjurio als Substantiv fassen, so vermissen wir allzusehr den Artikel o vor engano.

IX, 16 empfiehlt es sich (mit K) die Lesart Faria's anzunehmen: *temidos* e ledos' (statt *timidos*).

Ein der Stelle VIII, 34 ähnlicher Fall ist X, 75, wo jetzt mehrere Ausgaben (M) statt des Sbst. *harmonia* (K) das Adj. *harmonico* setzen.

IX, 30 will L *toada* ohne Grund statt des handschriftlichen *soada*.

IX, 50 findet sich schon in AA das richtige *as* guiava (statt *os*), wie Souza (mit A) liest.

X, 102 lesen die meisten *de Arabia e persias* terras abundantes', wo Faria wohl unrichtig das Subst. Persia (im Sgl.) und terras abundantes als Apposition zu Arabia und Persia nahm.

X, 156 liest A und L *os mouros* de Marrocos'. AA BKM *os muros* de Marrocos'. Andre (G) schreiben *Os Mouros*'. Es liesse sich zwar der Ausdruck *romper os Mouros*' (die Mauren vernichten, ihre Macht brechen) poetisch denken; doch ist entschieden *os muros*' vorzuziehen, wie auch in einer unterdrückten (zum VIII. Gesange nach der 32. Strophe gehörigen) Strophe in dem von Faria aufgefundenen Manuskripte steht:
    Nos *muros* de Marracos e Trudante
wo auch G *muros* liest.

Wie einzelne Buchstaben, so sind auch kleine
Wörtchen theils verstümmelt, theils ausgestossen,
theils verstellt worden.
II, 55 macht K aus ‚que mostrou' ‚mostrará'. Die
Gründe (K p. 379) sind zwar richtig, doch findet sich
nirgend ein Anhaltpunkt dafür, wohl aber metrische
Gründe dagegen.
IV, 5 liest L ganz unbegründet *dam* respeito statt
nem respeito. Wenn Fonseca I, 14 eine Umstellung will
und fizeram *so* (statt *se*) per armas statt: ‚se fizeram por
armas' schreibt, so ändert er die ganze Stelle. Der Dichter
meint: Meine Verse sollen nicht vergessen jene, die sich
(se) erhaben (subidos), euer Banner siegreich machten.
II, 41 haben nun fast alle Ausgaben das fehlende se
in ‚Se lhe impedira' (cf. IX, 81) eingesetzt.
Aehnlich V, 41 wo bei einigen (AG) *já* fehlt. Indessen ist tanto *tempo ha já* bei Camões fast ein stereotyper
Ausdruck geworden, (Son. 46) und wenn *já* VI, 5 unbeanstandet gelesen wird, warum sollte es hier fehlen?
V, 83 streicht L *aos* und liest:
‚assi mesmo como nossos'.
Besser wohl como *os* nossos (st. aos). Mit Recht
schreiben aber VI, 6 schon B (und L): Mas o mao Thyoneo
statt *de* Thyoneo. — Der Ausfall von q wäre VI, 30, 5
möglich:
Vedes *que* o vosso mar (L)
statt vedes o vosso mar (KM), aber wegen der gleichartig
fortgesetzten Construction (7) unwahrscheinlich.
VIII, 61 streicht M. Correa das dritte *que*.
VI, 34 ändert Faria (und G) ‚se *por dita'* in ‚por
ventura' und setzt das se eine Zeile höher ‚por ver *se* o
preço'. Dadurch wird zwar die Construction klarer, doch
fehlen in den ältesten Ausgaben hiezu alle Anhaltspunkte,
so dass sie nicht anzunehmen ist.
VIII, 9 ist ‚despois de ter *co'os* Mouros superado‚ (M)
überliefert. João Franco und Man. de Faria änderten zuerst in
‚despois de ter *os* Mouros superado'
(BGKL). — Die Gründe, die M. Matteus für die Beibehaltung des *com* anführt, sind angethan für die alte Lesart

zu stimmen (vgl. IV, 8) und zu übersetzen: „Nachdem er
bei den Mauren (M sagt = ‚nas guerras ço'os Mouros')
die Galleger und Leonescr (an Tapferkeit) übertroffen
hatte." Denn seine Kämpfe mit den Letztern fallen ja
nach dem Kreuzzuge.

VIII, 83 lesen K L richtig: ‚em que venha' st. ‚com
que venha' (M) ebenso X, 49 K L: ‚Em que a torne' G K:
‚com que'.

VIII, 98 setzen K L treffend den bestimmten Artikel
ein: ‚este aos mais nobres'
wo andere (M) a mais lesen.

IX, 21 ist eine vielfach emendierte Stelle. A und AA
schreiben:

Da primeira co terreno seio'
so auch D F M.' — B hat: cō a primeira do terreno seyo'.

Die älteste Lesart vertheidigt M. Correa mit der Ver-
sicherung, dass er sie so aus des Dichters Munde gehört
habe (cf. p. 243 der Asg. v. 1633) gegen die schon damals
existierende (von Man. de Lyra, Faria, P. Thomás aufgenommene) Lesart:

da mäy primeira co terreno seio'
(F G K L). Ándre (João Franco Barreto) lesen:
Com a primeira do terreno seio'.

Allein die Gründe, die K (p. 390) für die Einsetzung
von mäy anführt, sind zu evident, als dass andre dagegen
geltend gemacht werden könnten.

IX, 81 setzt K ‚Se lhe mudará', wo andre (M) ‚Lhe
mudarás' haben.

IX, 83 streicht L das zweite na in ‚na manhãa e na
sesta' ohne Grund.

Kann bei kleinen Wörtern eine Aenderung angenommen
werden, so ist sie bei mehrsilbigen zu vermeiden, wo man
am besten an den ersten Ausg. festhält.[63]

So z. B. III, 42 em força e gente (K M) nicht mit
(M. Correa), ‚em força grande'; III, 65 vio-o o senhor d'ella
(K M) st. (mit Faria) a serra d'ella (cf. K. p. 379 M p. 382);

---

[63] Die Lesart von K IV, 39 ‚tinge o ferro o sangue ardente'
findet zudem dass sie an sich besser ist als ‚o fogo ardente', im
zweiten Manuskripte des Faria einen Anhaltspunkt.

III, 130 *feros* vos mostrais (M K : *amostrais*) st. (mit F G) *ferozes*; IV, 20 *forças* Africanas (G K M) statt (mit L) *gentes* Africanas; IV, 24 *o fero* Huno (AA B K M) statt (mit A G) *o forte* Huno; X, 105: Da *natura c dos* dons, nicht *da natureza e dons*; X, 124 *Alguns* que fosse Ophir (K M) statt (mit G) *Outros* que fosse.

IX, 9 lesen die ältern Ausgaben: *faz repressalia* n' huns' und ebenso B K L M O (B represaria nūs). — Man. de Faria schrieb unbegründeter Weise *faz logo presa* em hnns', was einige (G) befolgten. M. Matteus bezeichnet diese Lesart mit Recht als *baixa, rasteira e trivial*.

III, 34 hat schon AA den offenbaren Fehler *trabalho* (statt batalha) corrigiert.

Die Lesart (des Man. Correa) III, 34 *ingente* Lusitana' ist entsprechender als *em gente* Lusitana' (K).

Einzelne Conjekturen hat der Reim hervorgerufen. Camões reimt im Allgemeinen richtig; nur selten finden sich bei ihm gleiche Reime [64]) (z. B. IV, 101 longe; VII, 59 vista).

II, 100 haben A und AA bram*ando* st. bram*avam*, welch letzteres nun alle aufgenommen haben.

VII, 77 lesen die alten Ausg. (u. M): aspeito *venerando*' als Reim zu *Mauritano* und *humano*. Deshalb haben andere (G K L) *soberano*, was dem Reime entsprechender ist. Es lautet zwar in einigen südlichen Dialekten in der Verbindung *nd* das d nicht, doch ist im Ptg. nicht daran zu denken, so dass soberano vorzuziehen ist.

X, 88 ist der Reim fazendo — horrendo — *turbulendo* überliefert, was einige (B F G O) beibehalten haben. Dass Camões von der Licenz, die ihm Faria zugesteht,[65]) Gebrauch gemacht habe, ist kaum zu glauben; darum haben mehrere Ausgaben (L M) *meluendo* (mit Franc. Freire de Carvalho 1843); K dagegen *tremendo*', was wohl desshalb am meisten entspricht, weil diese Lesart sich im zweiten Manuskripte des Faria findet.

---

64) Den Reim IV, 102 profundo — profundo vermeidet K, indem hier einmal nach dem ersten Manuskripte des Faria *facundo*' steht.

65) Yo sospecho que el Poeta escribió *turbulendo*', que bien lo pudo hacer con un poco de licença.